Coleção Dramaturgia

MATÉI
VISNIEC

CB065834

Biblioteca
teatral

Impresso no Brasil, março de 2013

Título original: *Attention aux vieilles dames rongées par la solitude*
Copyright © Lansman Editeur

Os direitos desta edição pertencem a
É Realizações Editora, Livraria e Distribuidora Ltda.
Caixa Postal: 45321 · 04010 970 · São Paulo SP
Telefax: (5511) 5572 5363
e@erealizacoes.com.br · www.erealizacoes.com.br

Editor
Edson Manoel de Oliveira Filho

Gerente editorial
Juliana Rodrigues de Queiroz

Produção editorial
Liliana Cruz
William C. Cruz

Capa e projeto gráfico
Mauricio Nisi Gonçalves / Estúdio É

Preparação de texto
Marcio Honorio de Godoy

Revisão
Danielle Mendes Sales

Pré-impressão e impressão
Gráfica Vida & Consciência

Reservados todos os direitos desta obra. Proibida toda e qualquer reprodução desta edição por qualquer meio ou forma, seja ela eletrônica ou mecânica, fotocópia, gravação ou qualquer outro meio de reprodução, sem permissão expressa do editor.

Cuidado com as Velhinhas CARENTES E SOLITÁRIAS

Teatro da ternura e da loucura cotidianas

MATÉI Visniec

TRADUÇÃO: LUIZA JATOBÁ

Realizações Editora

SUMÁRIO

FRONTEIRAS | 9

AGORAFOBIAS | 55

DESERTO | 87

Esta coletânea é composta de peças curtas reagrupadas em três temas:

I. Fronteiras
- *Pense que Você é Deus*
- *Espere o Calorão Passar*
- *A Blasfêmia*
- *A Volta para Casa*

II. Agorafobias
- *Cuidado com as Velhinhas Carentes e Solitárias*
- *A Ferida*
- *O País Está Consternado*
- *A Máquina de Pagar Contas*
- *Aqui Estamos com Milhares de Cães Vindos do Mar*

III. Deserto
- *A Alma na Carrocinha*
- *Carona*
- *Sanduíche de Frango*
- *Não Sou Mais Sua Coelhinha*
- *Um Café Longo, um Pouco de Leite Separado e um Copo D'Água*
- *A Grande Ressaca*

O autor deixa aos diretores o cuidado de escolherem e organizarem as cenas em função de suas próprias opções dramatúrgicas.

O primeiro espetáculo baseado em alguns textos desta coletânea foi criado no Teatro Le Ring d'Avignon, em março de 2004, pela Companhia SALIERI-PAGES, numa encenação de Marie Pagès. Com Estelle Galarme, Laetitia Mazzoleni, Olivier Ranger e Benoît Thevenoz.

FRONTEIRAS

PENSE QUE VOCÊ É DEUS

Stanko, muito jovem, por volta de 17 anos, e Vibko, um pouco mais velho. Estão escondidos atrás de uma parede.

VIBKO: Você está gripado?

STANKO: Não...

VIBKO: Você está todo vermelho. Você está com frio?

STANKO: Não...

VIBKO: Você não tem um casaco comprido, alguma coisa mais quente?

STANKO: Tenho.

VIBKO: Olha aqui... Eu sempre trago meu casaco... Mesmo quando está quente... Você está vindo de onde?

STANKO: Venho de Krikov.

VIBKO: Onde é isso?

STANKO: Não é muito longe daqui.

VIBKO: Você precisa estar mais equipado. Pense que tem momentos em que a gente pode ficar preso num esconderijo durante horas e horas... E até dias. Se você não estiver bem agasalhado, está ferrado. Está acompanhando meu raciocínio?

STANKO: Estou.

VIBKO: Não banque o Rambo. Se você quer fazer um bom trabalho, tem que estar equipado. Aqui ó, pegue essas luvas.

STANKO: Mas eu não estou com frio.

VIBKO: Ponha as luvas, estou falando. Você tem que proteger seus dedos. As mãos são muito importantes.

STANKO: Obrigado.

VIBKO: Mais do que qualquer coisa, você tem que relaxar... Não tenha medo... Se ficar com medo, você está ferrado. Você está medo?

STANKO (*um pouco ansioso*): Não.

VIBKO: Deixe eu ver os seus dedos. (*Ele olha os dedos de Stanko.*) Você está tremendo um pouco.

STANKO: Isso não é nada, isso passa...

VIBKO: Seus dedos estão úmidos. Você precisa ficar tranquilo e bem agasalhado, mais do que qualquer coisa. Aqui. Pega um cigarro. Sempre acalma.

STANKO: Tudo bem, mas... eu não fumo...

VIBKO: Ah! É mesmo? Que idade você tem mesmo?

STANKO: Dezessete.

VIBKO: E na escola, você nunca provou?

STANKO: Provei, sim, mas... toda vez eu vomito.

VIBKO: Bem, não tem importância. Você quer uma latinha de cerveja?

STANKO: Isso sim...

(*Vibko abre duas latinhas de cerveja. Os dois bebem.*)

VIBKO: Assim está melhor?

STANKO: Sim.

VIBKO: Você já comeu alguma coisa hoje?

STANKO: De manhã não consigo comer.

VIBKO: Isso não é nada bom.

STANKO: De manhã só consigo tomar um café.

VIBKO: Você tem que comer antes de vir para cá, menino. Tem que se alimentar bem pela manhã para poder trabalhar direito. Você está me entendendo?

STANKO: Tô.

VIBKO: Esse é um trabalho que exige muita concentração, está entendendo? A gente não se concentra de barriga vazia.

STANKO: Mas eu consigo.

VIBKO: Não, não, isso não está certo. Você tem que tomar um bom café da manhã antes de vir... Um café da manhã reforçado. De agora em diante o café da manhã deve ser a refeição principal do dia. Estamos entendidos?

STANKO: Tudo bem.

VIBKO: É uma ordem. Você tem que comer uma refeição completa de manhã, com carne, pão e ovos... E tem que beber leite quente...

STANKO: Não, leite não vai, não suporto. Me dá enjoo.

VIBKO (*passando-lhe um salame*): Aqui, pega aí... Come.

STANKO: Obrigado... (*Comendo.*) É bom.

VIBKO: E tem que ter sempre alguma coisa para mastigar com você... Salame, bolacha, pão... Esse trabalho não é como os outros... É um trabalho de caçador, tem que saber esperar... Bom, está se sentindo melhor?

STANKO: Estou.

VIBKO: Deixe eu ver sua mão... Você ainda está tremendo um pouco. Por que você está tremendo?

STANKO: Não sei.

VIBKO: É a primeira vez que você faz isso?

STANKO: Não...

VIBKO: Vamos lá, em guarda... (*Stanko saca o fuzil de precisão e se coloca em posição de atirar.*) Não se apoie muito na coronha... Isso... Você tem que estar calmo, sem qualquer pressa, certo? Pense que você é Deus. Deus nunca está apressado. Você só atira quando se sentir calmo e frio como o gelo... E se seu coração estiver batendo normalmente. Primeiro de tudo, tem que escutar os batimentos do seu coração. Ele está batendo normalmente?

STANKO: Está.

VIBKO: Você nunca mexeu com música?

STANKO: Já toquei um pouco de violão.

VIBKO: Tá, então pense que esse fuzil é um violão. Um violão, ele faz parte do seu corpo. Quando você toca o violão, a música sai do seu corpo. Você entende, a bala também tem que sair, ela também, do seu corpo. Se você tem medo do seu fuzil, você está ferrado.

STANKO: Não tenho medo.

VIBKO: Você já brincou com isso?

STANKO: Já.

VIBKO: Quero dizer, você já atirou uma bala de verdade com seu fuzil?

STANKO: Já.

VIBKO: Mas você já matou?

STANKO (*riso involuntário e sincero*)**:** Um pombo!

VIBKO: Então, hoje você vai matar o primeiro filho da puta de verdade.

STANKO: Certo...

VIBKO: Então, bem, isso vai ser o seu batismo. Vamos lá, posicione-se. Agora, me diga o que você está vendo.

STANKO: Estou vendo a rua.

VIBKO: Está vendo o edifício?

STANKO: Tô.

VIBKO: O posto de gasolina, está vendo?

STANKO: Tô.

VIBKO: Muito bem... E agora, o primeiro homem que se mexer é seu alvo.

STANKO: Vejo duas velhinhas... Acho que elas foram fazer compras no mercado.

VIBKO: Você pode abater uma delas, se quiser.

STANKO: Não, não uma velhinha... Não posso começar com uma vovozinha.

VIBKO: De todo jeito, o que interessa para nós é obrigar todos esses merdas a ficarem na terra deles... Eles têm que saber que são ratos e que não tem rota de escape para eles. Pense nisso quando você atirar. Estamos matando ratos, você está me entendendo?

STANKO: Estou, sim.

VIBKO: Como você se chama mesmo?

STANKO: Stanko.

VIBKO: Eu me chamo Vibko. Você não tem que ter medo de rato. Eles podem ser jovens, velhos, mulheres, homens ou crianças, pouco importa. Eles querem pegar o nosso país, então a gente tem de obrigá-los a achar buracos onde se esconder. É isso aí. Essa é sua missão. Você está me entendendo?

STANKO: Estou, sim.

VIBKO: Você já fez o serviço militar?

STANKO: Não, ainda não.

VIBKO: Mas movimente esses olhos... Procure com o seu fuzil, não fique aí parado... Não espere que eles passem pela sua linha de mira, procure, procure... Vai varrendo toda a rua, as entradas dos prédios, as janelas... Vai varrendo as janelas, você não está vendo as janelas?

STANKO: Estou, sim...

VIBKO: As janelas são muito importantes. Os ratos vivem escondidos atrás das paredes, atrás das janelas... Tudo que se mexe atrás das janelas é um alvo.

STANKO: Estou vendo outra vovozinha que está pondo a roupa pra secar.

VIBKO: Que merda, você também só vê vovozinhas... Seja lá como for, antes do pôr do sol você vai ter que matar um rato. Se hoje é o dia das vovós, escolhe uma e mata. Tem dias assim.

STANKO: Estou vendo também uma menininha brincando de boneca.

VIBKO: Onde?

STANKO: Na varanda.

VIBKO: É isso aí... Eu não disse? Tá tudo coalhado de ratos. Você não tem que ficar com pena deles, porque no fim quem vai ter as tripas devoradas somos nós.

STANKO: Também não vou matar crianças...

VIBKO: Escuta aqui, faça como se sentir melhor. É você quem decide. Mas, de todo jeito, tem que fazer o trabalho. Tem que ter pelo menos um morto daqui até a noite nesse setor... Não se pode dar moleza para eles.

STANKO: Se é assim, ainda prefiro uma vovozinha do que uma garotinha que brinca com a boneca.

VIBKO: Você pensa demais, filhinho... Mas não tem importância, você tem o direito de pensar... Se bem que eu mesmo sempre me perguntei se Deus, o próprio, se ele pensa? Eu, eu não acredito que Deus pense... Deus, ele age, é isso... (*Um tempo.*) Ela continua brincando?

STANKO: Sim.

VIBKO: A semana passada me mandaram para o outro lado do vale, lá, onde tem um pedaço do Bulevar Tito que vai até bem longe... Eu via todo o pátio do prédio. Como você, só via velhos saindo e entrando correndo... Depois de um tempo, vejo uma garotinha de sete ou oito anos pulando corda. Quero dizer que o dia todo ela pulou corda. Depois de duas horas, já estava de saco cheio e pensei: "Não é possível, ela faz de propósito, só para tirar sarro da minha cara". Atirei uma vez só para adverti-la, do lado dela, só para ela se mandar. Ela saiu berrando e se escondeu no prédio. Mas dez minutos depois ela já tinha se esquecido, a idiota... Espero uma hora e lá se vai a segunda bala... Quase que estouro sua corda. Ela foge berrando e fica escondida dez minutos... Aí ela põe o nariz para fora de novo, olha para um lado, para o outro... Vejo ela sair bem devagarinho, a idiota, andando na ponta dos pés. Como se tivesse medo de fazer barulho. E tudo recomeça. O dia inteiro ela me deixou louco com a sua corda... Eu não tinha muitas balas, mas atirei uma terceira vez para ela ir embora... E a idiotinha repete sua ação e sai chorando para voltar dez minutos depois...

STANKO: E depois?

VIBKO: De todo jeito, um rato é um rato.

STANKO (*olha pela mira do seu fuzil*): Olha, tem um cara que está andando pelo setor.

VIBKO: Onde isso?

STANKO: Perto do posto de gasolina... Quer ver?

VIBKO: Não.

STANKO: O que é que eu faço?

VIBKO: Ele está correndo?

STANKO: Não.

VIBKO: Bom, então ele é seu. É só seguir, mirar e atirar.

STANKO: Estranho...

VIBKO: O quê?

STANKO: Por que ele não está com pressa?

VIBKO: Não sei. Isso é coisa dele. De todo jeito, isso não interessa. Se ele não está com pressa, não está com pressa e pronto. Assim você ganha tempo.

STANKO: Acho que ele está completamente bêbado.

VIBKO: Ele é velho?

STANKO: Não, não muito velho... Ele ainda pode se inserir...

VIBKO: Pronto, você vai poder dizer que matou um perfeito filho da puta. Anda, vamos nessa!

STANKO: Vou deixar ele atravessar a rua.

VIBKO: Ele atravessou a rua?

STANKO: Sim... Ah, olha só, ele está carregando uma sacola... Ele não tá nem aí, o cara, você tem razão, ele não está nem um pouquinho apressado.

VIBKO: Se ele está atravessando a rua é porque ele vai até a mercearia.

STANKO: Onde é a mercearia?

VIBKO: Do lado esquerdo, depois do posto de gasolina. Mas a gente não a vê daqui.

STANKO: Então vou deixar ele fazer suas compras primeiro.

(*Vibko abre mais uma latinha de cerveja.*)

VIBKO: Você quer uma?

STANKO: Quero.

(*Bebem.*)

VIBKO: E então... O que o seu homem está fazendo?

STANKO: Está voltando... Comprou leite... Três garrafas de leite...

VIBKO: E ele continua totalmente sem pressa?

STANKO: Na mesma.

VIBKO: Vamos nessa, atire! Esse aí tá procurando. Ele tá tirando um sarro da sua cara. Vai, se joga na água, uma hora tem que ir, tem que começar, merda! (*Stanko atira.*) Então, você o pegou?

STANKO: Não sei... Ele caiu, mas eu não sei... Acho que acertei uma de suas garrafas... Tem um monte de leite derramado no chão.

VIBKO: Atira mais uma vez. Você pode.

STANKO: Não vou conseguir... O leite, ele me dá um enjoo...

ESPERE O CALORÃO PASSAR

A mulher que carrega uma criança nos braços. A sentinela dos direitos do homem. A mulher que carrega uma criança nos braços entra e para diante da linha que marca a fronteira entre a no man's land (terra de ninguém) e o território dos direitos do homem.

A SENTINELA DOS DIREITOS DO HOMEM: Quem está aí? Pare! Não se mexa. Mais um passo e você se arrisca a atravessar ilegalmente a fronteira. E tudo que é ilegal pode se voltar contra você.

A MULHER QUE CARREGA UMA CRIANÇA NOS BRAÇOS: Mas quero atravessar a fronteira. Fugi da guerra. Fugi do horror. Fugi da morte. Minha pátria não existe mais. Foi repartida em duas, em três, em quatro, em várias pequenas pátrias que brigam entre si. Quero atravessar essa fronteira, pois eu não pertenço mais a nenhuma dessas novas pátrias saídas do âmago da minha grande pátria antiga.

A SENTINELA DOS DIREITOS DO HOMEM: Você é de qual nacionalidade?

A MULHER QUE CARREGA UMA CRIANÇA NOS BRAÇOS: Não tenho mais nacionalidade. Minha nacionalidade é essa criança que levo em meus braços. Minha nacionalidade é a terra. Minha nacionalidade é o céu estrelado em cima da minha cabeça. Minha nacionalidade é o voo dos passarinhos. Quero ter a mesma nacionalidade que a dos passarinhos que voam acima das fronteiras. Quero ter a mesma nacionalidade que as nuvens que flutuam acima da nossa terra. Minha nacionalidade é o vento. Quero ter os mesmos direitos que o vento. Quero ter os mesmos direitos que o vento, os passarinhos e o céu estrelado. Você sente o perfume da tília em flor? Quero ter a mesma nacionalidade das tílias. Você vê esse belo pôr do sol? Quero ter os mesmos direitos dos poentes. Os mesmos direitos das estações... Os mesmos direitos dos equinócios e dos solstícios... Olhe só, começou a nevar. Já passou tanto tempo desde que espero na fronteira, que começou a nevar. Olhe como são bonitos, os flocos de neve. Quero ter a dignidade dos flocos de neve. Que me reconheçam tal dignidade. Nada a mais, nem a menos... Que eu tenha a dignidade dos flocos de neve. Que me deem o direito de ser tão digna quanto os flocos de neve.

A SENTINELA DOS DIREITOS DO HOMEM: Você está aqui na fronteira terrestre dos direitos universais do homem. Se você der um passo à frente, vai entrar ilegalmente no território dos direitos universais do homem, universalmente reconhecidos e universalmente respeitados. Se você der um passo a mais, vai penetrar ilegalmente no território da dignidade humana absoluta, com validade e aceitação universal. Não é certo entrar ilegalmente no território dos direitos absolutos do homem e da dignidade humana absoluta. Mas vamos ajudá-la a entrar legalmente no território dos direitos absolutos do homem e da dignidade humana absoluta. Você vai ver... Uma vez tendo entrado legalmente no território dos direitos absolutos do homem e da dignidade humana absoluta, você vai poder florescer, começar uma vida nova e dar a seu filho o sentido da dignidade universal absoluta. Mas primeiramente é preciso apresentar seus documentos. Você tem um passaporte válido?

A MULHER QUE CARREGA UMA CRIANÇA NOS BRAÇOS: Não tenho passaporte. Meu único passaporte é meu filho, que começa a ficar com frio. Meu único passaporte é meu filho, que começa a ter fome. Os flocos de neve, para atingir a terra, não precisam de passaporte.

A SENTINELA DOS DIREITOS DO HOMEM: Mas não podemos registrá-la como floco de neve. Somos uma administração que respeita regras rígidas. E uma dessas regras diz que cada homem deve ter seus documentos válidos. Portanto, para nós, um ser humano é igual a um documento válido.

A MULHER QUE CARREGA UMA CRIANÇA NOS BRAÇOS: Oh, mas você tem uma maneira realmente muito poética de abordar as coisas! Um ser humano é uma folha de papel repleta de signos muitas vezes desconhecidos. Isso é muito poético. É por isso que lhe proponho me registrar como floco de neve. Para começar, o floco de neve é tão branco quanto o papel. Em vez de me aplicar a regra "um homem igual a uma folha de papel", me aplique a regra "um homem igual a um floco de neve". E, depois, olha que lindo texto vão escrevendo no espaço os flocos de neve enquanto caem!

A SENTINELA DOS DIREITOS DO HOMEM: Já é tarde demais, agora, para registrá-la como floco de neve. O inverno já passou. Agora é a estação das chuvas que começa. Você não vai me pedir agora para registrá-la como uma gota de chuva ou de tempestade.

A MULHER QUE CARREGA UMA CRIANÇA NOS BRAÇOS: Vou, sim. Considere que meu passado foi uma tormenta. Não me pergunte de onde vim e o que fiz no meu passado. Antes de chegar à fronteira dos direitos do homem, fui uma atormentada. Minha infância, minha educação, meu casamento, meu engajamento político, meus ideais, minhas crenças, minhas humilhações, tudo isso foi uma verdadeira tormenta. Em vez de pedir que lhe conte minha vida, anote no seu formulário que foi uma atormentada que se apresentou hoje diante de você para pedir direito de cidadania no território da dignidade universal.

A SENTINELA DOS DIREITOS DO HOMEM: Agora é tarde demais. A estação das chuvas já passou. Estamos em pleno verão. O calorão já se instalou... É muito difícil trabalhar nessas condições. Espere o calorão passar.

A MULHER QUE CARREGA UMA CRIANÇA NOS BRAÇOS: Mas eu adoro o calorão. Se meu passado foi uma tormenta, gostaria que meu futuro fosse um calorão. Quero queimar as etapas, cortar os segundos... Quero viver como o fogo... Rápido... Pois a vida não tem mais paciência comigo...

A SENTINELA DOS DIREITOS DO HOMEM: Sinto muito mesmo, mas você tem que esperar... Seu pedido no momento está bloqueado...

A MULHER QUE CARREGA UMA CRIANÇA NOS BRAÇOS: Entendo, ele se perdeu no meio do labirinto da rede de computadores...

A SENTINELA DOS DIREITOS DO HOMEM: Na verdade, nossos computadores nem chegaram a considerar o seu pedido. Suas respostas são estranhas demais. No campo

"Nacionalidade" você escreveu COR DO VENTO. No campo "Último domicílio fixo" você escreveu CAMPO MINADO. No campo "Religião" você colocou CÉU CHEIO DE PIPAS. No campo "Estudos" você escreveu LEMBRANÇAS DA INFÂNCIA. No campo "Situação familiar" você escreveu SANATÓRIO PARA OS OUTROS. No campo "Sexo" você escreveu DEBUTANTE. No campo "Data e local de nascimento" você escreveu um poema...

> O distribuidor automático de gestos de ternura
> Se despe lentamente
> Para entrar no mar
> Para entrar na terra
> Para entrar nas minhas entranhas
> Já que sou mar e terra ao mesmo tempo
> Pois sou um pássaro gigante
> Que limpa as mandíbulas da máquina de ternura
>   que se alimenta de pedaços de carne humana

Isso não está certo. Isso não está nada certo. Escrever um poema no campo "Data e local de nascimento" não serve para nada. De todo modo, nossos computadores não conseguiram decodificar o poema, e vários pararam de funcionar. Está vendo aquela fumaça lá?

A MULHER QUE CARREGA UMA CRIANÇA NOS BRAÇOS: Sim, estou vendo. É bem preta. Ela sobe aos céus e empesteia o ar.

A SENTINELA DOS DIREITOS DO HOMEM: É a fumaça de um de nossos computadores, um biocomputador na verdade, extremamente sensível e sofisticado que teve um choque informático ao tentar lidar com a sua ficha. E olha só, agora ele está com soluço, não consegue mais parar, é por isso que ele cospe essa fumaça preta. Faz três meses, desde que ele leu o seu poema escrito no campo "Data e local de nascimento", que ele ficou com soluço e não cessa de cuspir a tal fumaça. Não, isso não está certo. E, além do mais, no campo "Motivação da mudança de situação" você desenhou um porco-espinho com duas asas. Aqui está seu desenho, não faz nenhum sentido, um porco-espinho alado, isso não existe... Ei, onde você está com a cabeça? Me responda... Escute aqui, não está certo você desenhar um porco-espinho alado e depois sumir por aí... Reconheça pelo menos que um porco-espinho alado não existe...

(*Um tempo.*)

A CRIANÇA QUE CRESCEU NESSE MEIO-TEMPO: Claro que existe. Esse porco-espinho é para mim.

A SENTINELA DOS DIREITOS DO HOMEM: Quem está falando? Não estou vendo ninguém. Quem falou? Onde está a mulher que esperava aqui e que estava preenchendo os formulários?

A CRIANÇA QUE CRESCEU NESSE MEIO-TEMPO: Minha mãe está morta. Tenho seis anos. Sei ler e escrever. Minha mãe me contou muitas histórias bonitas e tristes. Poderia lhe contar uma bela história triste por dia. Ela me disse que agora tenho o direito de passar para o outro lado da fronteira, pois as belas histórias tristes são universais...

(*A cena é invadida pela fumaça de vários computadores que pararam de funcionar.*)

A BLASFÊMIA

O HOMEM QUE ESPERA O TREM DAS ONZE E MEIA: Você está esperando, você também, o trem de onze e meia, menina? Estou perguntando porque o trem das onze e meia parece que foi cancelado. Quando quis comprar a passagem para o trem das onze e meia, o atendente caiu na gargalhada. Não é normal um atendente morrer de rir quando um passageiro quer comprar sua passagem. Não achei muito normal, mas, como tinha mais gente na fila, preferi não dizer nada e ceder o lugar. Mas parece que o atendente caiu na gargalhada com cada passageiro que pedia uma passagem para o trem das onze e meia. Você está vendo só? E nem é um trem rápido ou internacional.

Já faz um tempinho que estou observando o comportamento dos funcionários da estação e começo a me preocupar. O chefe da estação se trancou no seu escritório e está tocando violoncelo. O carregador de malas vai parando em cada passageiro e contando as malas, e agora choraminga na plataforma, se bem que ninguém lhe pediu para carregar as malas. Seja lá como for, não tenho a mínima intenção de confiar minhas malas a esse aí. Você tem coragem de confiar suas malas a esse aí?

O senhor também está esperando o trem das onze e meia? Faço essa pergunta porque, olha aí, acho que o relógio da estação parece estar parado. Faz dez minutos que estou olhando, e os ponteiros não se mexem. Podem ter parado para que os viajantes não fiquem em pânico. O chefe da estação toca o violoncelo no seu escritório. O atendente fechou o guichê e prepara agora bebidas quentes para os passageiros. Quanto tempo ainda vamos ficar por aqui?

Escute aqui, seu chefe da estação, não consigo entender por que agora temos que abrir nossas malas. Não entendo por que vocês resolveram agora revistar nossas malas. Faz três dias que o senhor está tocando violoncelo na sua sala e, agora que retomou seu trabalho, resolve revistar nossas malas. Não é por nossa causa que os trens não param mais nesta estação. Não é por nossa causa que o relógio da estação foi retirado do seu lugar. Todos nós escutamos: ele caiu e espalhou mil estilhaços pela plataforma. E depois vocês nos obrigaram a recolher os estilhaços, a varrer e a jogar os destroços no lixo. E depois ainda tivemos que lavar a plataforma, como se tivesse sangue espalhado pelo chão.

Não, me desculpe, mas não tenho a intenção de descer. Vou ficar aqui no telhado da estação. Faz dez dias que escutamos um tipo de apito e ninguém ousou procurar a origem desse barulho. Muito bem! Posso lhes dizer, agora, que vejo uma locomotiva a vapor. O apito vem dos vapores que se desprendem de tempos em tempos das entranhas da locomotiva. É uma locomotiva preta, que ainda funciona. Se vocês quiserem minha opinião, penso que ela já estava abandonada, mas nada impede que ainda funcione.

Não reconheço a esse tribunal improvisado o direito de me julgar. O senhor não é nenhum juiz, seu chefe de estação, o senhor é um simples chefe de estação. Até me pergunto se podemos chamá-lo de chefe de estação, posto que não passa nenhum trem na sua estação. No verão passado o senhor nos prometeu resgatar a locomotiva que tinha parado a uns dez quilômetros da estação. Desde essa época, a locomotiva recuou, sumiu lá para além da linha do horizonte, ninguém mais enxerga, ninguém mais ouve. Tivemos uma chance e a desperdiçamos. Não tem mais locomotiva, não tem mais apito, não tem mais nada. E, além de tudo, agora o senhor nos proíbe de sair da estação. Como encontrar uma outra locomotiva preta a vapor se o senhor nos proíbe de sair da estação?

Alô! Sim! Estou te escutando! Oh! Meu Deus, estou escutando muito bem. Nem sabia que esse telefone funcionava. Faz dez anos que não tocava. Você quer falar com quem? Desculpe mas tenho uma coisa importantíssima para lhe dizer. Sou um passageiro trancado num antigo guichê de bilheteria. Você está me entendendo? Fui julgado por blasfêmia e fui trancado atrás de um guichê onde ainda está escrito "Partidas imediatas". Tem prateleiras cheias de passagens para todos os destinos, que parecem que vão cair em cima de mim a qualquer momento. Será que você poderia avisar alguém?

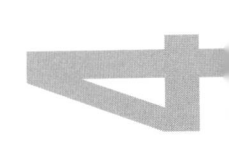

A VOLTA PARA CASA

O General. O Coronel. Os mortos pela Pátria. O General inspeciona o campo de batalha e acorda os mortos. À medida que os mortos vão levantando, eles vão se colocando em posição de sentido. Assiste-se à revista dos mortos depois da batalha. As chegadas de grupos de mortos podem ser números coreográficos. O diretor pode também utilizar máscaras, manequins ou marionetes para representar o mundo dos mortos.

Somos os feridos, às suas ordens! Viva a Pátria!
Somos os sem tripas, às suas ordens! Viva a Pátria!
Somos os crivados de balas, às suas ordens!
Somos os pés esmagados, às suas ordens!
Somos os despedaçados, meio carne, meio granada, às suas ordens.
Somos os mortos cegos, nossos olhos foram, sim, arrancados, como nossas órbitas são vidradas, ha, ha, ha, às suas ordens! Viva a Pátria!
Somos os mortos por bala em pleno coração, às suas ordens!
Somos os afogados, às suas ordens!
Somos os enterrados vivos, às suas ordens! Viva a terra da Pátria!
Somos os executados por alta traição, às suas ordens! Vivam as balas da Pátria.

Somos os mortos de medo depois de ter cagado nas calças, viva a Pátria!
Somos os que foram devorados pelos ratos enquanto dormíamos, vivam os ratos da Pátria!

O GENERAL (*que passa entre os mortos e ajuda-os a se levantar*): Vamos lá, de pé! Agora vocês já podem ir para casa... Vamos lá, mexam os traseiros... Vamos, soldado, sua mãe o espera. Vamos, soldados, suas mães os esperam, suas irmãs os esperam, suas mulheres os esperam... Vamos, vocês têm direito a um desfile... De pé, bando de preguiçosos, vão ter que andar bastante... Vamos lá, vamos sacudindo um pouco, sacudindo essa poeira, arrumem-se um pouco, enfeitem-se um pouco... E ponham isso na cabeça... Hoje é o dia do Grande Perdão... Não há mais vencedores nem vencidos! Hoje vocês têm direito a uma grande festa! Voltamos para casa...

MORTO 1: Mas, pelo menos, a gente ganhou, meu General?

O GENERAL: Você não escutou que hoje é o dia do Grande Perdão? A vitória, isso não tem importância.

MORTO 2: Não fique chateado com ele, senhor General, é um defunto fresco, só faz dois dias que morreu...

O GENERAL: Então, somos esperados na capital. Vamos entrar na capital com a fanfarra na frente. Vocês terão direito a uma cidade completamente embandeirada. Para nós. Você escutou isso, meu jovem, sua mãe colocou guirlandas na sua varanda! Você terá direito a guirlandas, a confetes e a fanfarra militar! Somos esperados com balões coloridos!

A capital estará repleta de flores. Para nós, rapazes, para nós! Mas, por favor, muita atenção, coloquem isso bem na cabecinha! Ninguém questiona mais nada! Acabaram-se as perguntas! Vocês não podem mais fazer perguntas. Agora, só há lugar para a grande verdade da reconciliação. As perguntas são mentiras. Entenderam bem?

(Os mortos continuam a se levantar e se agrupar. Música militar.)

MORTO 3: Mas, meu General, onde está a Comissão de Contagem Manual dos Cadáveres?

O GENERAL: A Comissão do quê?

MORTO 3: Disseram que a gente tinha direito a uma contagem, um por um, e não por aproximação. A Pátria devia nos enviar uma Comissão, para nos enumerar. Deviam vir nos contar e não vieram. Estamos esperando faz três dias. Os cães começam a nos comer. Se continuarmos assim, vamos voltar para casa na barriga dos cães. Os mortos do inimigo já foram contados até o último. Cada um tem seu número. Já foram classificados, já foram agrupados... E nós? Quanto tempo ainda temos que esperar assim, sem contagem? Isso não está certo, senhor General, não é legal. Depois de ter esperado tanto essa merda desse fim de tudo isso... Será que é tão difícil assim, essa contagem? Ou será que a Comissão quer que a gente se conte a si mesmo? Podemos fazer isso, se for preciso. Vamos fazer a contagem nós mesmos, se for preciso. Mas precisam nos dizer alguma coisa. Esperamos já faz três dias, debaixo de chuva. Não é mesmo, rapazes?

TODOS OS MORTOS: Estão caçoando da gente ou o quê?

MORTO 3: De todo modo somos mortos da Pátria. Não podemos voltar para casa sem ser contados. O inimigo finge ter muito menos mortos que nós.

TODOS OS MORTOS: E isso não é verdade.

MORTO 3: Como pode ser que a Comissão tenha ido imediatamente ao inimigo. E nós, que estamos esperando há três dias?

MORTO 4: Senhor General, quando é que a Comissão Sanitária vem para nos cortar as unhas? Vocês veem bem como as unhas crescem depressa nos mortos. As unhas e os cabelos. Sinceramente, não se pode voltar para casa com essas unhas desse jeito... Da última vez a Comissão veio imediatamente. Não é mesmo, rapazes?

TODOS OS MORTOS: A última vez não tivemos problemas.

MORTO 4: E, vejam só, desta vez a gente espera há uma semana que venham nos cortar as unhas.

TODOS OS MORTOS: Não é justo.

MORTO 4: No campo inimigo todos os caras já estão penteados e suas unhas já foram cortadas. Que a Pátria nos corte as unhas, senhor General. É nosso direito! Onde é que eles se enfiaram, os cabeleireiros da Pátria, senhor General?

MORTO 5: Meu General, quem vai nos proteger das moscas na volta para casa? Porque não podemos nos proteger sozinhos. O senhor sabe muito bem quantos problemas temos com as moscas, senhor General.

Por mim, a Pátria tinha que pensar em tudo isso. Eu acredito mesmo que isso é dever da Pátria... de nos proteger das moscas. O senhor viu como as moscas proliferaram nestes últimos tempos? Nunca vi tanta mosca assim. Não é verdade, rapazes?

TODOS OS MORTOS: Não, senhor General, nós não queremos entrar na capital com moscas na cara.

MORTO 5: Temos o direito de passar por baixo do Arco do Triunfo. Como desfilar assim, com moscas na cara? Como nossas mães vão fazer, para nos reconhecer, com moscas na cara? Por que é que a Pátria não pensa nas moscas, senhor General?

O CORONEL: Bem, em que ordem entramos, senhor General?

O GENERAL: Como assim, em que ordem?

O CORONEL: Colocamos quem à frente da coluna?

O GENERAL: Na frente vão os condecorados. Quero que estejam bonitos, que sejam escolhidos entre os que ainda estão intactos. Precisamos dar uma boa impressão na hora da entrada na cidade. Depois vêm os promovidos. E depois você pode enfiar um destacamento de cegos para que sejam emoldurados. E depois os com máscaras, pois esses, no geral, estão intactos... E depois colocamos...

(*O grupo de soldados condecorados chega.*)

UM CONDECORADO: Senhor General, estamos avisando que não entramos a pé. Que a Pátria nos arranje caminhões... Todos temos condecorações, somos todos condecorados da Pátria, temos o direito de entrar em caminhões. Nós não vamos entrar a pé.

OS MORTOS CONDECORADOS: Não, a pé não vai dar...

UM CONDECORADO: A pé vãos os desertores, os traidores, aqueles que cagaram nas calças, eles, sim, têm mesmo que ir a pé. Mas nós queremos caminhões... Do lado dos inimigos também, todos os que foram condecorados entraram de caminhão. Então que fique bem claro: não entramos na cidade a pé. Foi por isso que demos nossa vida para a Pátria, foi para sermos respeitados. Queremos entrar NA FRENTE e DE CAMINHÃO. E não temos nenhuma pressa. Se a Pátria não tem caminhões, vamos esperar. Ela que dê um jeito de arranjá-los. Se a Pátria quer ter de volta seus condecorados, que nos envie os caminhões.

OS MORTOS CONDECORADOS: Porque não somos idiotas, não somos mesmo.

(Chega um grupo de soldados mortos por bala em pleno coração.)

O MORTO QUE TEM UMA BALA NO CORAÇÃO: Senhor General, somos os mortos com uma bala em pleno coração. Ao todo, somos uma boa centena, às suas ordens! E nós temos, todos, uma bala alojada em nosso coração. Somos todos mortos às suas ordens, com uma bala em pleno coração. Nada mais belo, meu General, do que um soldado morto no campo de batalha com uma bala em pleno coração! Nós não fomos crivados de bala, senhor General. Nós recebemos uma só bala. Paf! Direto no coração. Não sei se o senhor já reparou, senhor General, mas, quando alguém é morto com uma bala em pleno coração, a bala fica alojada nele. Fica ali espremida entre os ventrículos. Nós fomos mortos como se tivéssemos sido atingidos por um raio...

OS OUTROS MORTOS QUE TÊM UMA BALA NO CORAÇÃO: E é por isso mesmo que somos tão belos!

O MORTO QUE TEM UMA BALA NO CORAÇÃO: Nada de despedaçado, nada de quebrado, nada de queimado...

OS OUTROS MORTOS QUE TÊM UMA BALA NO CORAÇÃO: Nada mais do que um buraquinho na altura do coração.

O MORTO QUE TEM UMA BALA NO CORAÇÃO: Afirmamos que temos o direito de abrir o desfile. Além do mais somos poucos... Estamos intactos, somos belos, somos pouco numerosos... Somos a elite dos mortos, senhor General... Veja só, todos nos invejam... Quem não gostaria de morrer assim, com uma bala simples e bela, em pleno coração?

(Chega um grupo de mortos por gases.)

UM MORTO POR GASES: Senhor General, somos os atingidos por gases. Esperamos há três dias a passagem da Comissão para nos fechar a boca. Não podemos voltar ao nosso país com essas bocas assim. Olhe um pouco para nossa boca, senhor General! Nós, nós não podemos entrar na capital com essa boca completamente aberta, dura assim, como se estivéssemos mendigando com nossa boca... Não, senhor General, vamos ficar aqui esperando a chegada da Comissão Sanitária...

OS OUTROS MORTOS POR GASES: Temos o direito de reconquistar nossa boca fechada!

UM MORTO POR GASES: Já prometeram que viriam fechar nossa boca. Que venham então fechar a nossa boca! Será que é tão difícil assim fechar a nossa boca?

OS OUTROS MORTOS POR GASES: Nós também queremos ter a nossa boca fechada, como todo mundo...

UM MORTO POR GASES: E para coroar temos os que caçoam da gente, dizendo que chove dentro da nossa boca... Nós, que lutamos pela Pátria, fomos atingidos por gases pela Pátria, a Pátria agora tem que fechar nossa boca... Olhem só para essas bocas mumificadas, parecem gritos petrificados... A Pátria tem o dever de nos fechar a boca, os vivos têm o dever de fechar nossa boca, porque senão não voltamos para casa... É que sozinhos não conseguimos fechar a boca, senão já teríamos feito isso...

(*Chega um grupo de soldados contados como desaparecidos.*)

O SARGENTO DESAPARECIDO: Senhor General, somos os desaparecidos... Não tem nada que tenha restado de nós, um átomo, uma molécula, um fio de cabelo, uma unha, uma espinha, uma fivela de cinto... Fomos relatados como mortos, portanto não temos cadáver. Como então vamos voltar para casa sem cadáver?

OS OUTROS DESAPARECIDOS: Temos o direito de ter um cadáver!

O GENERAL: Escutem aqui, rapazes, realmente, por vocês não posso fazer nada.

O SARGENTO DESAPARECIDO: Mas, pelo menos, não nos abandonem aqui... Levem-nos com vocês, estamos preparados para fechar o desfile, você pode nos colocar no fim da fila... E isso acomoda os executados por alta traição que reclamam de ser os últimos... Podemos entrar, nós, por último, alguém tem que ser, afinal de contas, o último... Não é verdade, rapazes?

OS OUTROS DESAPARECIDOS (*em coro*): Claro que sim!

O SARGENTO DESAPARECIDO: Não temos vergonha, não, senhor General, de ficar na rabeira da fila... Podemos desfilar por último. Não é verdade, rapazes?

OS OUTROS DESAPARECIDOS (*em coro*): Claro que sim!

O SARGENTO DESAPARECIDO: Porque nós também queremos voltar, senhor General. E, se não vamos agora com todo mundo, estamos ferrados. Por que não partir agora, com todo mundo? Não somos nós afinal, nós também, mortos como todo mundo? Apenas não temos cadáver.

OS OUTROS DESAPARECIDOS: Mas nós também temos o direito de ter um cadáver!

O SARGENTO DESAPARECIDO: Tem uns que tiveram mais sorte, encontramos uma mão ou uma perna, ou uma orelha... E tiveram o direito de entrar na lista dos mortos... Vejam vocês, o soldado Panetta... Só sobrou dele sua placa de matrícula, e mesmo assim ele teve o direito de figurar muito bem na lista dos mortos... Teve o direito de ser declarado morto.

OS OUTROS DESAPARECIDOS: Nós também temos o direito de entrar na lista dos mortos!

O SARGENTO DESAPARECIDO: Aproxime-se, soldado Panetta, não se esconda. O que ela encontrou de você, a Comissão de Contagem?

O SOLDADO PANETTA: Só o número de matrícula, Sargento.

O SARGENTO DESAPARECIDO: Fale mais alto para que o senhor General possa ouvir. O que foi que a Comissão encontrou do soldado Panetta?

O SOLDADO PANETTA: Só o número de matrícula, 4759B630, às suas ordens!

O SARGENTO DESAPARECIDO: Então, o senhor está vendo, senhor General? Então o que o senhor pensa disso? Não é justo. Somos mais do que cinco mil desaparecidos para sempre, até o final dos tempos.

OS OUTROS DESAPARECIDOS: Temos o direito de ter um cadáver!

O GENERAL: Escutem, rapazes, vocês estão me colocando numa situação muito delicada.

O SARGENTO DESAPARECIDO: De jeito nenhum, General...

O GENERAL: Escutem, rapazes, eu, pessoalmente, não tenho nada contra se vocês também querem desfilar. Mas isso não está certo... E muitos gostariam de estar em seu lugar. Quantos mortos não dariam tudo para ser transferidos da lista de mortos para a lista de desaparecidos? Vocês nem se dão conta, rapazes, da sorte que vocês têm de ser SOMENTE desaparecidos. Porque, vocês, ouçam bem o que estou dizendo, na verdade, são meio vivos! Sinceramente, vocês não têm vergonha? Mas pensem um pouco em suas famílias que mantêm uma esperança ferrenha de vê-los um dia entrar vivos! E vocês, vocês querem estar mortos! Vocês são loucos? Pensem em suas mães que os esperam ainda! Um morto declarado, ninguém mais espera. Mas e um desaparecido? Um desaparecido tem o direito de REAPARECER a qualquer momento! Assim, ele desaparece, ele reaparece! Um passo para frente, um passo para trás... Em relação aos outros, vocês são uns nababos! Vocês têm sorte! Suas mães ainda têm o direito de esperar por vocês por dez anos, vinte anos, trinta anos. Vocês refletiram sobre tudo isso? Isso não é qualquer coisa, isso... Bando de cabeças-ocas... Vamos, sumam daqui!

(*Um outro grupo de soldados faz sua aparição.*)

UM EXECUTADO: Senhor General, apesar de tudo...

O GENERAL: Apesar de tudo o quê?

UM EXECUTADO: Apesar de tudo, senhor General...

O GENERAL: Apesar de tudo o quê? O que é que há agora?

UM EXECUTADO: Apesar de tudo, senhor General, somos os executados por alta traição.

O GENERAL: E então?

UM EXECUTADO: É que não aceitamos sequer ser comparados com os desertores.

O CORONEL: Mas quem ousa compará-los com os desertores?

UM EXECUTADO: Então, por que vocês nos colocaram, no desfile, misturados com os desertores?

O GENERAL: Basile!

O CORONEL: Sim, senhor General!

O GENERAL: O que é que ele está querendo, esse aí?

O CORONEL: Não sei muito bem, senhor General. Senhor executado, o que é que o senhor quer mesmo?

UM EXECUTADO: Eu sou, às suas ordens, executado por alta traição. Não fui executado por deserção... Estamos às suas ordens, três mil executados por alta traição... E não queremos, às suas ordens, desfilar lado a lado com os sete mil executados por deserção.

O CORONEL: E vocês querem desfilar como?

UM EXECUTADO: Nós NA FRENTE e eles ATRÁS. Porque nós, nós nunca desfilamos, nunca fugimos. Traímos porque acreditamos em alguma coisa. Mas eles não acreditaram em nada. Logo, não é justo que nos coloquem misturados a eles... Está bom, tudo bem, entramos com eles, a gente se perdoa reciprocamente, mas, no desfile, nós ANTES e eles DEPOIS! Porque, afinal de contas, nós acreditamos em alguma coisa. Equivocados ou não, afinal de contas agimos por convicção. Nós aqui, nós fomos executados por uma convicção.

OS OUTROS EXECUTADOS: Mas eles foram executados por debandar!

UM EXECUTADO: Nós não fomos mortos por debandar, fomos mortos por uma convicção.

OS OUTROS EXECUTADOS: Mas eles foram mortos por debandar.

UM EXECUTADO: Estamos consternados, senhor General, de incomodá-lo com tudo isso, agora que o Grande Perdão chegou, mas queremos entrar na capital corretamente. De acordo com os nossos méritos.

O GENERAL: Basile!

O CORONEL: Sim, às suas ordens.

O GENERAL: Ponha o escalão alta traição na frente do escalão deserção!

O CORONEL: Sim, às suas ordens.

(*Alguns mortos que ainda acreditam na vitória se aproximam do General.*)

AQUELE QUE AINDA ACREDITA NA VITÓRIA: Senhor General!

O GENERAL: O que que é agora?

AQUELE QUE AINDA ACREDITA NA VITÓRIA: Permita-me relatar... Somos o pelotão daqueles que ainda acreditam na vitória!

O GENERAL: Escutem, rapazes, vocês decidiram mesmo que vão complicar as suas vidas?

AQUELE QUE AINDA ACREDITA NA VITÓRIA: Senhor General, permita-me relatar. Não concordamos com aquela saída precipitada. Ainda temos o direito de acreditar na vitória.

O GENERAL: Mas como vocês são chatos... Ainda não ouviram falar que fizemos um acordo de paz?

AQUELE QUE AINDA ACREDITA NA VITÓRIA: Podemos até ter feito o acordo, mas ainda acreditamos na vitória.

O GENERAL: Vocês ainda não viram a luz, bando de chatos? A luz que brilha agora nas suas almas, isso não é suficiente? Todo mundo já irradia luz em sua alma, o Grande Perdão chegou, a paz eterna chegou; e vocês? O que é que vocês ainda estão remoendo?

OS OUTROS MORTOS QUE AINDA ACREDITAM NA VITÓRIA: Senhor General, não estamos remoendo nada.

O GENERAL: Como não, se vocês querem ressuscitar o ódio geral de ANTES?

AQUELE QUE AINDA ACREDITA NA VITÓRIA: Não, senhor General, estamos felizes de ver que a luz chegou, mas acontece que... acontece que ainda acreditamos na vitória...

O GENERAL: Como é que vocês ainda podem acreditar na vitória quando tudo é luz agora?

AQUELE QUE AINDA ACREDITA NA VITÓRIA: Senhor General, acreditamos que nossa estratégia foi boa, mas que fomos mal dirigidos...

O GENERAL: Escutem, rapazes, chega de ficar dizendo tanta besteira desse jeito... Em vez disso, pensem nas suas mães que os esperam. Vocês têm, vocês também, mães, imagino eu, não é mesmo?

AQUELE QUE AINDA ACREDITA NA VITÓRIA: Temos mães, sim, às suas ordens! Mas somos também veteranos e acreditamos que foi por causa de um pequeno erro que não conseguimos a vitória...

O GENERAL: Basile!

O CORONEL: Sim, senhor General.

O GENERAL: Esse imbecis aí, que ainda acreditam na vitória, coloque-os por último... Que fiquem na rabeira do desfile.

O CORONEL: Sim, senhor General.

AQUELE QUE AINDA ACREDITA NA VITÓRIA: Não adianta ficar irritado, senhor General... De todo jeito, não arredamos o pé daqui.

O GENERAL: Basile!

O CORONEL: Sim, senhor General.

O GENERAL: Isso aí é uma revolta ou o quê?

O CORONEL: Atenção, soldados! Sentido! Então, quantos de vocês acreditam na vitória? Os que ainda acreditam na vitória deem um passo à frente! Ação! (*Ao General.*) Eles ainda são muito numerosos, meu General.

(*Chegam os soldados desmemoriados.*)

O CHEFE DO GRUPO DOS DESMEMORIADOS: Nós, senhor General, por ocasião de nossa morte, já nos encontrávamos desmemoriados. Não lembramos de mais nada. (*Ao grupo de desmemoriados.*) Falem aí, rapazes, a gente se lembra de alguma coisa?

O GRUPO DOS DESMEMORIADOS: A gente não se lembra de nada, chefe.

O CHEFE DO GRUPO DOS DESMEMORIADOS (*ao General*): A gente nem mesmo se lembra se lutamos pela vitória ou contra a vitória. (*Ao grupo de desmemoriados.*) Digam aí, rapazes, a gente sabe de que lado lutou?

O GRUPO DOS DESMEMORIADOS: De jeito nenhum, chefe.

O CHEFE DO GRUPO DOS DESMEMORIADOS: O senhor vê, senhor General? Não sabemos mais nada. Não sabemos mais quem somos, não sabemos de onde viemos e nem quando fomos mortos. (*Ao grupo de desmemoriados.*) Digam aí, rapazes, sabemos quem somos?

O GRUPO DOS DESMEMORIADOS: Não sabemos.

O CHEFE DO GRUPO DOS DESMEMORIADOS: A gente sabe de onde veio?

O GRUPO DOS DESMEMORIADOS: De jeito nenhum.

O CHEFE DO GRUPO DOS DESMEMORIADOS: A gente sabe quando morreu? E por quê?

O GRUPO DOS DESMEMORIADOS: Não sabemos, chefe.

O CHEFE DO GRUPO DOS DESMEMORIADOS: O senhor vê, senhor General? Nós, quando morremos, já tínhamos o cérebro lavado. Quando nos enviaram para a frente de batalha, já tínhamos o cérebro lavado, portanto não nos lembramos de nada... Não sabemos nem mesmo o que "vitória" significa... Dizem que morremos pela Pátria, mas não sabemos nem o que "Pátria" significa... Falamos com o senhor, senhor General, mas não temos a mínima ideia de quem você é... Escutamos falar que o Grande Perdão chegou, que de agora em diante tudo ficará bem, que vamos voltar para casa, que não seremos obrigados a comer terra... mas não sabemos o que "perdão" significa... (*Ao grupo dos desmemoriados.*) Digam aí, rapazes, a gente sabe o que "o Grande Perdão" significa?

O GRUPO DOS DESMEMORIADOS: A gente não sabe.

O CHEFE DO GRUPO DOS DESMEMORIADOS (*ao General*): É isso aí. A gente não sabe nada, mas a gente tem o direito de saber tudo. A gente escutou falar que em nossa casa construíram um mausoléu em nossa homenagem... Que todos aqueles que foram mortos pela Pátria, que estiveram na frente ou atrás, terão um lugar no mausoléu... Mas a gente não sabe o que é um mausoléu. (*Ao grupo dos desmemoriados.*) Digam aí, rapazes, sabemos o que é o perdão?

O GRUPO DOS DESMEMORIADOS: Não sabemos.

O CHEFE DO GRUPO DOS DESMEMORIADOS: Sabemos o que é a Pátria?

O GRUPO DOS DESMEMORIADOS: Não.

O CHEFE DO GRUPO DOS DESMEMORIADOS: Sabemos quem somos?

O GRUPO DOS DESMEMORIADOS: Não.

O CHEFE DO GRUPO DOS DESMEMORIADOS: Sabemos de onde viemos?

O GRUPO DOS DESMEMORIADOS: Não.

O CHEFE DO GRUPO DOS DESMEMORIADOS: Sabemos o que é a vitória?

O GRUPO DOS DESMEMORIADOS: Não.

O CHEFE DO GRUPO DOS DESMEMORIADOS: Sabemos por que morremos?

O GRUPO DOS DESMEMORIADOS: Não.

O CHEFE DO GRUPO DOS DESMEMORIADOS: Sabemos por quem fomos mortos?

O GRUPO DOS DESMEMORIADOS: Não.

O CHEFE DO GRUPO DOS DESMEMORIADOS: Sabemos por que nunca sabemos nada?

O GRUPO DOS DESMEMORIADOS: Não.

O CHEFE DO GRUPO DOS DESMEMORIADOS: Por que o verme que vive no buraquinho de nossa têmpora não dorme jamais?

O GRUPO DOS DESMEMORIADOS: Não.

O CHEFE DO GRUPO DOS DESMEMORIADOS: Sabemos por que o verme que vive no buraquinho de nossa têmpora não para nunca de se agitar, de gritar, de gargalhar, de cuspir e de nos tratar como idiotas?

O GRUPO DOS DESMEMORIADOS: Não.

O CHEFE DO GRUPO DOS DESMEMORIADOS: Sabemos por que esse pequeno verme se põe a cantar às vezes?

O GRUPO DOS DESMEMORIADOS: Não.

O CHEFE DO GRUPO DOS DESMEMORIADOS: É isso aí, senhor General, não sabemos de nada, mas acreditamos que temos o direito de saber por que tem um verme que canta no buraquinho de nossa têmpora. O senhor quer, senhor General, escutar o canto do pequeno verme que vive no buraquinho de nossa têmpora?

(Sem esperar a resposta, os desmemoriados começam a cantar. Entra outro grupo de mortos. Eles têm visivelmente dificuldade para andar.)

O MORTO QUE TEM DIFICULDADE DE ANDAR: Senhor General, nós também temos um grande problema... Quando recebemos o beijo da morte, isso nos provocou uma ereção. É isso aí. Às vezes, a morte nos dá um presente: ela nos dá uma ereção. Às vezes, o beijo da morte é tão doce, tão terno, tão fogoso, tão sincero, que provoca uma ereção. E a partir daí assim permanecemos: eretos.

OS OUTROS MORTOS QUE TÊM DIFICULDADE DE ANDAR: E é incômodo.

O MORTO QUE TEM DIFICULDADE DE ANDAR: Como voltar para casa assim? Como pisar de novo na terra pátria, assim ereto? Como penetrar na capital assim? Como passar ereto pelo Arco do Triunfo? Eu, eu acredito que a Pátria tem o dever de fazer alguma coisa por nós. Para que isso termine. Onde estão as putas da Pátria? Quando partimos para a batalha, havia muitas que nos acompanhavam... E agora? Onde estão elas? Por que a Pátria não nos envia suas putas agora que o Grande Perdão foi proclamado? Temos direito a algumas putas, meu General!

OS OUTROS MORTOS QUE TÊM DIFICULDADE DE ANDAR: Ah, se temos!

O MORTO QUE TEM DIFICULDADE DE ANDAR: Não podemos fazer o caminho assim eretos. O caminho de volta é longo. Como andar a pé quando se está sempre ereto, faça chuva, faça sol. Há milhares e milhares de quilômetros para percorrer até em casa. Andar descalço assim, ereto assim, é impossível. Nós já tivemos muitos problemas aqui mesmo. Quando temos que nos inclinar, dói. Quando viramos para um lado, temos dificuldade em fazê-lo... É sério, não poderíamos andar assim, senhor General. Somos ao menos dez mil mortos com ereção. Não é culpa nossa, foi o beijo da morte que nos deixou assim.

OS OUTROS MORTOS QUE TÊM DIFICULDADE DE ANDAR: O que vamos fazer agora?

(*Entra um grupo de mortos empurrando uma grande máquina fantástica, mas que parece assim mesmo com um espremedor de legumes.*)

O COZINHEIRO-CHEFE DO REGIMENTO: Senhor General, sou o cozinheiro-chefe do regimento, às suas ordens. Nós, os cozinheiros militares, temos uma proposta. Aliás, a Comissão de Reconciliação nos traz todo o seu apoio. Propomos que se passem todos os mortos pelo espremedor de legumes. Assim, teremos uma massa completamente homogênea, perfeitamente mole, uma verdadeira massa de modelar, não é mesmo? E depois a gente pode endurecer um pouco, amassá-la um pouco, não é mesmo? Talvez ela aumente um pouco, vamos ver... Mas, de todo jeito, a gente pode fazer um bolo gigante... E vamos voltar assim para casa... na forma de bolo... E cada família poderá cortar um pedaço... pois cada família tem direito ao menos a um morto. E assim todo mundo ficará contente...

O GENERAL: Soldados, para o espremedor de legumes, avante!

(*Música militar. Fogos de artifício. Soltam-se balões, pombos, etc. Todos os mortos passam pelo espremedor de legumes gigante. O que sai pelo outro lado é a memória esmagada pela injustiça, pela burrice humana e pela grande manipulação em nome das grandes ideias, e tudo mais que o diretor imaginar.*)

AGORAFOBIAS

CUIDADO COM AS VELHINHAS CARENTES E SOLITÁRIAS

O ESPECIALISTA EM ESTÁGIOS DE MENDICIDADE: Bom dia, senhores, senhoras. Obrigada por terem escolhido nossa agência, que tem hoje, e é com grande orgulho que lhes anuncio, trinta anos de experiência.

Partimos do princípio de que é preciso aprender a nadar antes que o destino lhes jogue na água. É por isso, senhores e senhoras, que nossa agência lhes propõe um estágio de mendicidade completo e adaptado à personalidade de cada um!

Não estamos dizendo que um belo dia vocês vão se encontrar na merda, no degrau mais baixo da sociedade. Mas, se por um acaso vocês se encontrarem na merda, um dia, no degrau mais baixo da sociedade, é melhor saber mendigar de maneira eficiente.

Pois a mendicidade, senhores e senhoras, é uma arte. Há regras de ouro. E as regras, isso se aprende. Portanto, nossa proposta é que vocês se apliquem desde agora no aprendizado dessa arte que pode muito bem se tornar, um belo dia, sua tábua de salvação.

Consequentemente, eis as regras de ouro da mendicidade:

– Não se deve nunca estender a mão. Deve-se estender o OLHAR. Se o seu olhar chega a cruzar o olhar do outro, você já tem meio caminho andado para chegar a seu coração.

– Para mendigar, é preciso ocupar um TERRITÓRIO, quer dizer, é preciso se enraizar na vida de um bairro, de uma rua, de uma praça... Quanto mais fiéis a um único lugar, mais suas chances de sucesso aumentam.

– É preciso estar sempre limpo, mas não limpo demais. Sujeira demais mata a dignidade, limpeza demais mata a piedade.

– Não é má ideia ter uma garrafinha de água à mão, de plástico, quase vazia. Pode servir de algum jeito ao relógio biológico. As pessoas que passam por você não sabem há quanto tempo você está ali, mas a garrafinha quase vazia lhes dá uma ideia sobre seu compromisso com a sua resistência.

– Não pode cheirar mal: mau cheiro espanta as pessoas caridosas em potencial, e o bom mendigo é aquele que tem um cheiro que combina com o lugar onde ele está. Melhor dizendo, assim como o próprio dinheiro, você também não deve ter cheiro algum.

– Você deve entrar no ritmo de vida das pessoas do lugar onde você mendiga; as pessoas que vão trabalhar de manhã devem encontrá-lo sempre no mesmo lugar à noite (por exemplo, no MESMO degrau na entrada do metrô).

– Acordar cedo para mendigar é uma boa coisa: isso prova que você é solidário com as pessoas que vão trabalhar.

– Não é má ideia ausentar-se de vez em quando do lugar onde você habitualmente mendiga; isso dá um momento de respiro para as pessoas. Tem dias que as pessoas preferem não vê-lo por perto.

– Nunca escreva letreiros do gênero "estou com fome" nem "uma moeda para comer, por favor". Um olhar captado por um letreiro é um olhar que escapa do seu olho.

– Jamais mendigue nos dias de feriados nacionais ou patrióticos, do tipo 14 de Julho ou o dia do Armistício… São dias em que a piedade da nação se concentra nos seus mortos.

– Jamais durma enquanto estiver mendigando: é como se você tivesse abandonado as trincheiras.

– Um mendigo de verdade não mostra jamais suas eventuais feridas ou doenças quando ele está mendigando. Você se arrisca a ser confundido com outra categoria e podem levá-lo para um hospital qualquer e largá-lo lá.

– Tem dias que é bom mostrar, num bolso ou nos pés, um jornal. Não é para bancar o intelectual, mas para dar uma demonstração de interesse pela vida da cidade.

– Nada de carregar mochilas, carrocinhas ou outras tralhas do gênero. Não estrague sua imagem de pobre. Ao mendigar, mais vale criar a imagem de um passarinho livre, mas confiante no seu destino, do que a de um caracol incômodo que carrega a casa nas costas.

– Sobretudo não seja hipócrita quando você ESTENDER o seu olhar. Não abra a boca para pedir trabalho, você já está trabalhando.

– Quando chover, nada de mendigar molhado pela chuva até os ossos. As pessoas teriam mais propensão a lhe dar um guarda-chuva do que dinheiro.

– Cuidado com as velhinhas carentes e solitárias, pois elas são capazes de ficar conversando durante horas! São muito predadoras, capazes de dispersar sua atividade e de fazer você perder muito tempo. Mais do que tudo, não se disponha a responder suas perguntas idiotas. Você se arrisca a descambar para uma total inversão de papéis nessa relação de assistência.

– É de suma importância a escolha do *recipiente* no qual você espera coletar o fruto da piedade pública. Não aconselhamos o chapéu, nem o copo de plástico, nem a caixa do violão. O primeiro é muito teatral, o segundo pode passar despercebido, e o terceiro pode projetar a imagem de um trapaceiro. Uma simples caixa de sapato é limpa, é sincera, é direta.

– Quando as pessoas que passam por você eventualmente jogam seu coração na sua caixa de sapato, recolha-o imediatamente em suas mãos. Um presente se abre imediatamente, para agradar aquele que o oferece.

A FERIDA

O transeunte. O homem cuja ferida é um espelho.

O TRANSEUNTE: Senhor...

O HOMEM CUJA FERIDA É UM ESPELHO: Sim...

O TRANSEUNTE: Me desculpe, mas...

O HOMEM CUJA FERIDA É UM ESPELHO: Mas o quê?

O TRANSEUNTE: Me desculpe, mas...

O HOMEM CUJA FERIDA É UM ESPELHO: Mas o que que é, meu Deus?

O TRANSEUNTE: É que...

O HOMEM CUJA FERIDA É UM ESPELHO: É que... o quê?

O TRANSEUNTE: Nada não, mas ... tenho a impressão de que senhor está sangrando.

O HOMEM CUJA FERIDA É UM ESPELHO: Ah, então é isso?

O TRANSEUNTE: É. E está se espalhando cada vez mais.

O HOMEM CUJA FERIDA É UM ESPELHO: Estou sangrando, e daí? O sangue é meu e eu deixo escorrer o quanto eu quiser. E daí?

O TRANSEUNTE: Eu só queria ajudar...

O HOMEM CUJA FERIDA É UM ESPELHO: E eu não quero que ninguém me ajude. Quero que me deixem em paz.

O TRANSEUNTE: O senhor está ferido, meu senhor. O senhor está ferido e talvez esteja delirando também. Posso chamar a ambulância.

O HOMEM CUJA FERIDA É UM ESPELHO: Para mim, o mais urgente é que me deixem sozinho. Tudo bem, obrigado e tchau.

O TRANSEUNTE: Desse jeito vai acabar morrendo, meu senhor. Não posso deixá-lo assim. Vou chamar a polícia.

O HOMEM CUJA FERIDA É UM ESPELHO: E o que é que o senhor tem a ver com isso, se eu vou morrer ou não? É verdade, talvez eu morra, e daí? Mas, na boa, você não tem nada melhor pra fazer do que ficar fissurado com a minha ferida?

O TRANSEUNTE: O senhor é um homem que está ferido e me dá pena.

O HOMEM CUJA FERIDA É UM ESPELHO: Vá embora! Anda! Não tem nada a ver.

O TRANSEUNTE: O senhor é uma ferida andando pela Terra. Não é bom para a cidade. Não é bom para os cidadãos que sairão de casa logo mais para ir trabalhar.

O senhor não tem o direito de sangrar assim bem no meio da praça às cinco horas da manhã...

O HOMEM CUJA FERIDA É UM ESPELHO: Mas você não está vendo que minha ferida é um espelho? Você está cego?

O TRANSEUNTE: Um ferida que deixa escorrer todo o seu sangue não pode ser um espelho. Mas é verdade que o sangue derramado no chão começa a refletir o céu.

O HOMEM CUJA FERIDA É UM ESPELHO: Refletir, você disse? Incline-se um pouco... Tente se ver na minha ferida. E então? Você se vê?

O TRANSEUNTE: Fantástico! Até aumenta...

O HOMEM CUJA FERIDA É UM ESPELHO: Agora você entende?

O TRANSEUNTE: Está tremendo um pouco.

O HOMEM CUJA FERIDA É UM ESPELHO: Você vê? Você entendeu?

O TRANSEUNTE: Mas... é mais do que uma lente gigantesca de aumento! Sua ferida é uma verdadeira redução de tempo. Meu Deus, minha vida se desenrola do avesso...

O HOMEM CUJA FERIDA É UM ESPELHO: É isso aí... Você entendeu como é perigoso se interessar pelas feridas dos outros?

O TRANSEUNTE: Será que eu posso pôr a mão um pouco?

O HOMEM CUJA FERIDA É UM ESPELHO: Sim, pode tocar. Não tenha medo, as feridas gostam de carinho. De todo jeito, carinho não pode fazer mal.

O TRANSEUNTE: E ela está mole.

O HOMEM CUJA FERIDA É UM ESPELHO: Você pode até enfiar o dedo. Vamos, não tenha medo... E então?

O TRANSEUNTE: Está morna...

O HOMEM CUJA FERIDA É UM ESPELHO: É, é como a água de uma pia onde acabaram de lavar os pratos. Coragem, ponha a mão lá dentro.

O TRANSEUNTE: As duas?

O HOMEM CUJA FERIDA É UM ESPELHO: Sim, as duas. Isso. E agora pode mexer. Você tem o direito de mexer na minha ferida enquanto lava as mãos dentro dela.

O TRANSEUNTE: Olha aqui, um estilhaço de vidro... Posso tirar?

O HOMEM CUJA FERIDA É UM ESPELHO: Não, meu senhor, nunca tire nada de uma ferida. O estilhaço de vidro é a memória do meu sangue.

O TRANSEUNTE: Estou com vontade de colocar meu rosto dentro dela um pouco. Posso?

O HOMEM CUJA FERIDA É UM ESPELHO: Ela está começando a sugá-lo, não é mesmo?

O TRANSEUNTE: Sim.

O HOMEM CUJA FERIDA É UM ESPELHO: Tudo bem. Dê uma descida. Mas não volte nunca mais. Está bem?

O TRANSEUNTE: Tudo bem.

O HOMEM CUJA FERIDA É UM ESPELHO: Tchau! Boa viagem!

O TRANSEUNTE: Tchau e obrigado! (*Enquanto desaparece na ferida do outro.*) Muito obrigado, hein!

O PAÍS ESTÁ CONSTERNADO

O chefe. O subchefe. O prisioneiro. O subchefe conduz o prisioneiro diante do chefe.

O SUBCHEFE: Chefe!

O CHEFE: Sim?

O SUBCHEFE: Ele quer dar um telefonema.

O CHEFE: Ele quer o quê?

O SUBCHEFE: Ele quer dar um telefonema.

O CHEFE: Você quer o quê?

O PRISIONEIRO: Quero dar um telefonema.

O CHEFE: Ele quer dar um telefonema?

O SUBCHEFE: Sim, ele quer dar um telefonema. Ele diz que é um direito dele.

O CHEFE: Ah, então ele diz que é direito dele!

O SUBCHEFE: Sim, ele diz que é direito dele.

O CHEFE: Então você quer dar um telefonema, é isso?

O PRISIONEIRO: É isso.

O CHEFE: Bom, não tem problema. Tudo bem. Vai dar seu telefonema. Está previsto na constituição. Em nosso país, todos os filhos da puta têm o direito de dar um telefonema. Diga-lhe que em nosso país todos os filhos da puta têm o direito de dar um telefonema.

O SUBCHEFE: O chefe disse que em nosso país todos os filhos da puta têm o direito de dar um telefonema.

O CHEFE: Diga-lhe que nosso país dá direito a todos os lixos e a todas as podridões de dar um telefonema.

O SUBCHEFE: O chefe diz que em nosso país todos os lixos e todas as podridões têm o direito de dar um telefonema.

O CHEFE: Você escutou o que acabo de dizer?

O SUBCHEFE: Você escutou?

O PRISIONEIRO: Sim.

O CHEFE: Diga-lhe para repetir o que acabo de dizer.

O SUBCHEFE: Repita o que o chefe acabou de dizer.

O PRISIONEIRO: Em nosso país, todo filho da puta tem o direito de dar um telefonema.

O CHEFE: Ele repetiu? Não escutei nada.

O SUBCHEFE: Repita mais uma vez.

O PRISIONEIRO: Em nosso país, todo filho da puta tem o direito de dar um telefonema.

O CHEFE: Ele repetiu? Não escutei absolutamente nada.

O SUBCHEFE: O chefe não escutou absolutamente nada.

O PRISIONEIRO: Em nosso país...

O CHEFE: Mais alto!

O SUBCHEFE: Mais alto!

O PRISIONEIRO: Em nosso país, todos os filhos da puta...

O CHEFE: Não estou escutando nada! Mais alto!

O SUBCHEFE: Mais alto! Você escutou?

O PRISIONEIRO (*gritando*): Em nosso país, todos os filhos da puta têm o direito de...

O CHEFE: Ele está tirando uma com a nossa cara ou o quê? Eu mandei ele falar mais alto!

O SUBCHEFE: Escute aqui, cara, se você quer zoar com a nossa cara, isso é sério!

O PRISIONEIRO (*gritando a todo pulmão*): Em nosso país, todos os filhos da puta têm o direito de dar um telefonema.

O CHEFE: Bom, assim está bom! Diga a ele que está muito bom.

O SUBCHEFE: Está bom.

O CHEFE: Diga a ele que esse país, apesar de tudo, gosta dele.

O SUBCHEFE: Você está num país que o ama, cara.

O CHEFE: E que, nesse país onde todos os filhos da puta têm todos os direitos, ele também tem todos os direitos.

O SUBCHEFE: Vá lá e faça sua chamada.

(O prisioneiro coloca a moeda no aparelho. A moeda cai.)

O PRISIONEIRO: Não funciona.

O CHEFE: Não funciona? O que é que ele disse?

O SUBCHEFE: Ele disse que não funciona.

O CHEFE: Como assim, não funciona? Fala pra ele tentar de novo.

O SUBCHEFE: Tente de novo.

O PRISIONEIRO: Não funciona.

O CHEFE: O que é que ele disse?

O SUBCHEFE: Ele disse que não funciona.

O CHEFE: Talvez seja essa merda da moeda dele que não deve estar boa.

O SUBCHEFE: Será que sua moeda está boa?

O PRISIONEIRO: Está.

O SUBCHEFE: Ele disse que sua moeda está boa.

O CHEFE: E continua a não funcionar? Fala pra ele continuar tentando.

(*O prisioneiro repete a operação umas dez vezes e depois para.*)

O PRISIONEIRO: Não funciona.

O CHEFE: O quê? Ele parou? Diga a ele pra continuar a tentar senão eu queimo o cérebro dele.

O SUBCHEFE: Pode continuar.

(*A mesma coisa se repete umas cem vezes. O chefe e o subchefe ficam olhando, mascando chiclete.*)

O CHEFE: Merda, não funciona! Que coisa idiota. Fala pra ele que o país onde todos os filhos da puta têm o direito fazer uma chamada está verdadeiramente consternado porque o telefone não funciona.

O SUBCHEFE: O país está consternado, cara.

O CHEFE: Pronto, e agora ele volta para a cela. Amanhã ele tenta outra vez.

(*O subchefe leva o prisioneiro para a cela.*)

A MÁQUINA DE PAGAR CONTAS

A garçonete. O terraço de um café. Mesas, cadeiras. Bonecos em escala humana instalados nas mesas ou acotovelados no balcão.

A GARÇONETE (*escondida atrás do balcão*)**:** Já vai, já vai! Estou dizendo que já estou indo! Chega! (*Ao boneco 1.*) Desculpe, você quer fogo?

(*Ela acende a vela que está em cima da mesa.*)

É louco como a noite cai cada vez mais rápido... (*Acende outras velas.*) Quase não tenho tempo de tomar uma bebida tranquilamente no terraço e a noite... já caiu... Oh! Vocês já notaram que a noite cai cada vez mais cedo? Quase não se tem tempo de escovar os dentes, de manhã, de tomar o café da manhã, de sair para duas ou três coisinhas... e paf! Já ficou escuro... Assim são as tardes de inverno... São assim essas tardes de inverno... (*Ao boneco 2.*) Não, não temos amendoim hoje. Quer *chips*? Quer um pão com manteiga?

(*Ela traz um cinzeiro e o coloca na frente do boneco 3.*)

Fumem, senhores, fumem! Não tem problema nenhum. Afinal de contas, todo mundo fuma. Espera-se que aqui tenha um espaço para fumantes e um espaço para não fumantes. Mas de todo jeito a fumaça do espaço dos fumantes invade o espaço dos não fumantes. Não se pode levantar um muro entre um espaço de fumantes e um espaço de não fumantes. E, depois, tem os fumantes que não encontram lugar o espaço de fumantes e vão para o espaço de não fumantes onde, é claro, começam a fumar imediatamente. Enquanto os não fumantes, às vezes, ficam no espaço de fumantes e começam a tossir e a cuspir sangue. É a vida. No final das contas, o número de cadáveres que a gente recolhe à noite nos dois espaços é estritamente o mesmo.

(*Em frente ao boneco 4. Ela pega seu bloquinho para marcar o pedido.*)

Estou escutando. Não temos pratos quentes esta noite. A noite caiu rápido demais. Não temos tempo de fazer pratos com molhos. Para fazer molho temos que ter tempo. Mas o tempo passa rápido demais. A gente vive num ritmo acelerado, meu senhor, e os pratos com molho já não têm mais vez hoje em dia. (*Vira-se para o boneco 1.*) Não, não temos cigarros. Tem uma banca ali na esquina. Você sai, vira à direita e na esquina tem uma banca. Não, não está fechada. Todo mundo compra cigarro lá e depois vem fumar aqui... Sempre achei esse pequeno movimento um pouco estranho, mas, no final das contas, não tenho nada a ver com isso. Não tenho nada a ver com isso, mas, mesmo assim, observo.

(*Vai até o balcão e traz uma garrafa de vinagre.*)

Quem pediu vinagre? (*Espera a resposta. Berrando.*) Quem pediu vinagre? (*Enxuga uma lágrima, aproxima-se do boneco 2.*) Foi você que me pediu vinagre?...

Mas tem alguém aqui que me pediu vinagre!... Pronto, é sempre assim. Alguém me pede alguma coisa e depois se cala. Ou, pior ainda, vão embora. É grotesco, é grotesco. Tem muita coisa grotesca que se passa aqui. Me pedem alguma coisa e depois... Só para rir da minha cara... Minha memória é esburacada como um... como um... Quem pediu um pepino cortado em cubinhos? Estou perguntando quem pediu um pepino cortado em cubinhos? (*Vai até o boneco 3.*) Foi a senhora? (*Vai até o boneco 6.*) Foi o senhor? Mas, pelo amor de Deus, por que vocês estão me olhando assim? Vocês sabem muito bem que eu vejo tudo! Vocês sabem muito bem que nada me escapa! Então por que...

(*Sobe em uma cadeira.*)

Quem pediu um pepino cortado em cubinhos, bando de folgados! Vocês querem tirar uma com a minha cara? Vocês acham que não estou sacando seus joguinhos? Vocês pensam que não sei como vocês ficam arrotando nas minhas costas? Como vocês ficam balançando suas facas assim que viro as costas? Como vocês ficam enfiando palitos de dentes nas fatias de pão? Bando de sacanas! Sempre prontos a linchar um ser indefeso... Pronto, me pediram um pepino com casca cortado em cubinhos, mas ninguém tem a coragem de confessar sua mentira...

(*Corre para o balcão e volta sem nada.*)

Quem pediu gelo?... Silêncio, é isso aí! Eu estou fazendo uma pergunta, senhores e senhoras, quem pediu gelo? Escutem aqui, você estão proibidos de... eu lhes...

(*Pega o boneco 7, joga-o no chão e começa a dar-lhe chutes.*)

Já proibi vocês de jogar migalhas na minha nuca quando viro de costas! Eu já proibi vocês de jogar migalhas na minha nuca quando...

(*Senta na cadeira, no lugar do boneco 7.*)

Ai! Como estou exausta! Passei a manhã inteira cortando cebola e tirando as sementes dos tomates! E, vejam só, tudo isso pra quê? (*Enxuga a testa. Para o boneco 5.*) Já faz algum tempo que esses dois aí me irritam. Estou falando desses dois velhinhos. Os dois tipos aí, sentados no canto... Estão vendo o que tem o nariz vermelho? Parece um pedaço de legume não identificado com a casca mal tirada. É só eu dar as costas que eles começam a cuspir nos seus copos... ou nos seus pratos... E depois me pedem pratos e copos limpos... Vejam só... (*Vira de costas.*) Vocês viram? Viram como são rápidos? (*Repete o gesto várias vezes.*) Estão vendo? É inacreditável! E, além do mais, todo mundo cai na risada... O que é que eu posso fazer, nessas condições? Muito bem, vou mostrar a vocês o que posso fazer... Posso e devo botar ordem nessa bagunça... Pronto... (*Pega uma faca e começa a despedaçar os dois bonecos.*) Pronto! Bando de velhos paranoicos... Quero ver vocês me pedirem agora para eu trocar seus pratos...

(*A garçonete vai ao balcão e volta com uma tigela.*)

Quem pediu sopa de lentilhas? Foi o senhor?

(*Pega o boneco 7 e o coloca na cadeira. Pega uma colher de sopa e derrama sopa na boca do boneco.*)

Vamos, tome sua sopa. Fui eu que fiz. (*Ela derrama mais uma colher de sopa em sua boca.*) É a boa e velha sopa de lentilhas. É suculenta. As lentilhas, para que fiquem suculentas, têm que ficar de molho a noite inteira. (*Mais uma colher de sopa é derramada na boca do boneco.*) Vamos lá, abra a boca, senhor... Mais um pouco, mais... Vamos, ande logo, abra... Escute aqui, você pediu uma sopa de lentilhas, e agora você vai comer e pronto! Nada de espirrar em cima da sopa, está me escutando? (*Continua a dar a sopa.*) Não está não, ela não está fria, ela está... Por que você está me dizendo isso? O quê?

(*Ela deixa cair a tigela no chão.*)

Quem pediu a conta? Foi você que me pediu a conta? Quem pronunciou a palavra conta? Escutem aqui, ouvi muito bem a palavra conta. Alguém pediu a conta. Aquele que pediu a conta pode levantar! De pé, imediatamente! (*Ela se concentra em um dos bonecos.*) Você acha que vai saindo assim, meu senhor? Você acha que aqui você pode pedir a conta quando quiser? É isso que você acha? Muito bem, então você vai ter sua conta. Sua conta ambição mutilação você vai ter. Sua conta perdição adeus você vai ter na própria pele. Porque você vai trocar de pele, meu senhor, nós vamos colocar sua conta por baixo de sua pele, você vai ter a sua conta, ela vai substituir sua pele, meu senhor... Sim, meu senhor, porque você quer, ela vai chegar, ela chega e é o momento de dizer adeus aos grandes pedidores de conta... Pronto!

(*Traz uma máquina de lavar louças, abre-a e começa a jogar lá dentro tudo o que se encontra nas mesas: pratos, talheres, copos, pedaços de pão, etc. No final, joga o boneco que pediu a conta também dentro da máquina de lavar louças.*)

Pronto... Aqui está sua conta... Tipo de parasita... Você me paga, agora... Você não queria pagar, pois agora pague...

(*Ela liga a máquina, que funciona mais como uma máquina de lavar roupas, os objetos começam a girar cada vez mais rápido em seu interior.*)

Muito bem, então quem mais quer a conta? Tem mais alguém que quer a conta? Não? Muito bem, então vou passar entre vocês para anotar mais uma vez os pedidos...

(*Ela pega o bloco e se aproxima de um boneco.*)

Boa noite, senhor, estou ouvindo.

(*Escurece. O boneco na máquina de pagar contas gira cada vez mais rápido.*)

AQUI ESTAMOS COM MILHARES DE CÃES VINDOS DO MAR

1.
O cego no telescópio. O cão. Praça pública.
O cego está montando seu telescópio num tripé.
O cão está olhando a cena.

O CEGO: E nada de mijar no meu telescópio, hein! Ouviu bem? Nada de mijar no meu telescópio! Se você fizer isso de novo, quebro sua cara. É por isso que ninguém se aproxima mais do meu telescópio. Porque o telescópio fede a mijo. E eles têm toda razão. Como contemplar a lua, quando o telescópio fede a mijo? Como contemplar as estrelas, as galáxias e os buracos negros quando o telescópio fede a mijo? Você está ouvindo bem o que estou lhe dizendo, seu taradinho? O telescópio já era. Você não chega nem perto do meu telescópio.

(*Acaba de montar o telescópio. Coloca seu chapéu no chão e senta num banquinho.*)

Que tempo será que está fazendo hoje? Será que o céu está limpo? Estará bem estrelado? Ou terá nuvens? Dá para ver a lua? Onde é que está a lua?

(*O cachorro late na direção da lua.*)

Ela está lá? Você está vendo bem? Dá para ver bem? Faz três dias que ninguém para mais para olhar pelo telescópio. Se continuar assim, vamos morrer de fome. É estranho que as pessoas não parem mais para olhar as estrelas e a lua. E, apesar de tudo, nem é tão caro. Não custa quase nada. Uma moedinha para olhar a lua, duas moedinhas para olhar as estrelas. Mas eles têm outras coisas mais importantes para fazer do que olhar a lua. Como é que está a lua hoje? Está bonita?

(*O cão rosna.*)

Ela não está bonita? Está feia? Ela está um pouco aveludada? Olha só, isso é gota de chuva, é? Pronto, vai recomeçar. Eu sabia. Como olhar a lua quando chove? Vai ainda chover toda a noite e com certeza amanhã o dia todo. E você, por que não me disse que não tinha lua esta noite? Por que você me deixa montar essa tralha para nada? Antes você sabia me dizer se o céu estava limpo ou não. Você está doente? Já não posso mais confiar em você. Fora daqui! Fora daqui, carcaça nojenta! Você só quer comer, comer, comer, rosnar, rosnar, rosnar; e, quando é hora de trabalhar um pouco, você se esconde, você se cala, você se esgueira. Muito bem, esta noite nada de bife. Hoje não se come aqui. Essa noite só se bebe água e pronto. É isso aí.

(*Desmonta o telescópio.*)

Não tem lua, não tem bife. Pronto, vamos voltar para casa.

2.
Na rua deserta.

O CEGO: Onde está nossa casa? Faz horas que estamos rodando igual barata tonta. Vamos, mexa-se. Encontre a casa. Você não sabe mais onde é a nossa casa? É isso? Esqueceu onde é a nossa casa? Perdeu o faro? Mas o que aconteceu com você? Essa agora! Você esqueceu onde é a nossa casa. Mas por Deus do céu, concentre-se! Vamos lá, vamos começar tudo de novo. Vamos para a direita ou para a esquerda?

(*O cão late.*)

Escute aqui, você me enerva. Você não pode esquecer o caminho de casa. Um cachorro de cego não pode esquecer uma coisa dessas. É para isso que eu te alimento. Para que me leve de volta para casa. Ontem também, você me fez rodar durante horas antes de encontrar minha casa. Estou cheio... Estou cheio, seu molenga! Perdeu o faro? Perdeu a visão? Ficou cego, você também? He he he...

(*Ele balança a mão diante dos olhos do cachorro.*)

Você está me vendo? Está me seguindo? Você tem que encontrar nossa casa... Está entendendo? Vamos embora, me leva para casa agora... É para a esquerda ou para a direita, a casa? Se a gente continuar assim andando na rua, vamos estragar o telescópio. E, se estragarmos o telescópio, estamos ferrados. Sem telescópio não tem bife. Vamos morrer na certa. Merda, agora você não está captando mesmo mais nada do que eu digo, não é? O que foi que eu disse, hein? Repita o que eu disse! Você precisa achar nossa casa. Ela não fica tão longe assim, nossa casa. Você não quer que a gente acabe dormindo na rua no final, quer? Está me ouvindo? Você não diz nada? Está cansado? Eu também, você pode imaginar! Então tá, então vamos dormir na rua. Se você não é mais capaz de achar a nossa casa, vamos morrer ao ar livre. Amanhã estaremos congelados. Você vai ver só...

(*Acariciando o cachorro.*)

Vamos, faça mais um esforço. Perdeu a memória? Você teve uma falha de memória? O que é que você tem? Está esfomeado? Isso não é engraçado, meu amigo. Não tem nenhuma graça mesmo, você sabe... Está caçoando de mim. Sinto que você está caçoando de mim... Eu, eu não estou gostando nada disso. E vou abandoná-lo. Não aguento mais e vou deixá-lo. Vou achar a merda dessa casa. Pronto, agora adeus! Deu! Tudo tem um limite! Dessa vez não tem mais solução. Não podemos continuar assim... Temos que nos separar. Entre nós, está tudo acabado. Eu vou para a esquerda e você vai para a direita... Você enquanto cachorro é uma nulidade. Um zero à esquerda. ZERO COM LETRA MAIÚSCULA. Você é o último dos cachorros. E, desta vez, não quero mais que você venha atrás de mim... Se eu perceber que você está atrás de mim, quebro sua cara.

(*Ele parte, seguido pelo cão.*)

Já disse que não quero que você me siga... Chega. Me deixa em paz. Vai embora e me deixa em paz. Não preciso de você. Você é livre. Vai para onde você quiser. Não sou mais seu dono. Acabou. Falei que acabou, seu preguiçoso.

(*Ganidos de cão desesperado.*)

Está chorando? Por que você está chorando? Primeiro, não acha nosso caminho de volta para casa e agora fica chorando. O que você está pensando da vida? Sei porque você está chorando. Não tem mais dono, não tem mais bife, não é isso? Interesseiro. Pensa que vai me amolecer? É isso? Não aguento mais e pronto, esse é o resultado.

3.
Ainda na rua.

É aqui a passagem para pedestres? Você está vendo o semáforo? Me diga então quando ficar verde...

(*O cão late.*)

Está verde?

(*O cão late.*)

Não confio mais em você. Quer me jogar embaixo das rodas dos carros. Se está verde, por que então nenhum carro para? Ontem quase fui esmagado por um carro. E foi por sua causa. Foi você que me puxou como um louco para o meio da rua. Você tentou me matar...

(*O cão protesta.*)

Claro, você fez de propósito. Pulou em pleno tráfego... Me puxou como um louco em pleno tráfego... Você se desprendeu sem mais da minha mão... Quis se vingar... Quis me ver esmagado pelos carros... Um cão de cego que quer assassinar seu dono! Isso não é normal. Por que você tentou me matar?... Fale! Você me odeia a esse ponto? Essa é boa! Um cão de cego que odeia seu dono... Não, hoje eu não vou atravessar...

(*O cão insiste.*)

Não. Estou dizendo que não vou atravessar essa rua. Você quis me matar, agora tenho certeza. Já faz uma semana que está fazendo sujeiras desse tipo comigo... Você caga na minha frente para eu ter que pisar na sua merda...

(*O cão protesta.*)

Cale a boca! Você sabe que é verdade. Faz tempo que você está fazendo esse tipo de coisa. Todos os meus sapatos fedem a merda. Todas as solas dos meus sapatos estão besuntadas de merda. Primeiro achei que era acidental... Acontece a todo mundo de pisar em merda de cachorro... Tem tanto cachorro nessa cidade... Tem tanto cego nessa cidade... Todo mundo pisa na merda e assim ela se espalha por todo canto... É normal... É normal pisar na merda de vez em quando, quando se é cego... Mas não é normal voltar toda noite para casa com as solas lambuzadas de merda. E, além disso, da merda do seu próprio cachorro.

(*O cão protesta sem convicção.*)

Vamos lá, reconheça que era sua merda. Faz muitos e muitos meses que todas as noites, em vez de me deitar, tenho que limpar primeiro, por horas a fio, as solas dos meus sapatos... Tirar a merda dos meus sapatos... Por sua causa! Por causa do meu cão que ficou louco!

(*O cão protesta vigorosamente.*)

Era sim, era sua merda! Agora, tenho certeza. Não é a merda de outros cães... Não era um acaso. A coisa se tornou sistemática demais para que seja apenas obra do acaso. É você que caga todos os dias na minha frente e depois me joga na sua própria merda...

E, porque descobri a verdade, agora você quer me matar... Quer me ver esmagado no meio da rua... Quer me ver virar suco na avenida... Me farejar já morto numa poça de sangue...

(*Começa a chorar. O cão lambe sua mão.*)

Sim, é isso que você quer... Depois de quinze anos de vida em comum. Você decidiu que não aguenta mais... Quinze anos de vida em comum...

(*O cão insiste, puxando-o pela coleira.*)

Não, não vou atravessar essa rua!

4.
Na beira-mar.

O CEGO: Por que você me atirou na falésia? Eu pergunto a você: por que me atirou na falésia? Você acha que sou surdo também? Acha que não escuto as ondas do mar? É isso? Queria que eu caísse no vazio. Você quis me empurrar para o mar? É isso? Você queria que eu quebrasse o pescoço nos rochedos? Não, não quero descer até a praia... Não, tenho horror de andar na areia... Espere... Não me puxe assim...

(*Ouvem-se alguns barulhos estranhos.*)

Não, mas diga-me, o que quer dizer tudo isso? É latido? É choro? São cachorros, é isso? São cachorros morrendo ou o quê? De onde saíram todos esses cachorros? Estão todos molhados... Por que rastejam assim? Onde eles estão rastejando? Estão saindo do mar? Saem do mar e se dirigem para a cidade? O que é isso, esses grandes rastros viscosos? Foram esses cães que deixaram tudo isso atrás deles? E eles vão pra onde? Eles procuram o quê?

Não entendo isso... Parece que um barco cheio de cães naufragou... Ou quem sabe foi o mar que jogou na praia todos esses cães moribundos... Então é o apocalipse... O mar começou a vomitar sua memória... Mas por que cães... E por que cães moribundos? E por que hoje? Ou é mais uma história de falha de memória... Ou talvez seja justamente pela memória esburacada do mar que todos esses cães escapam? A gente esperava a maré alta e aqui estamos com milhares de cães que saem do mar...

São todos cães de cego, é isso? Não compreendo... Tinha tanto cão de cego assim no mar? Tinha tanto cego na cidade? Olha, tem alguns que ainda têm força para rastejar até a beira da estrada... E conseguem até mesmo atravessar e avançar nas ruas da cidade... Vocês vão aonde? Querem morrer pelas ruas da cidade? Procuram a casa dos seus donos, dos seus antigos donos? Mas por que hoje, é o que me pergunto... Ou será que é a ressurreição dos cães?

Vamos lá, chega, já entendi a mensagem! Tudo que lhes pergunto é: por que eu e por que hoje?

Sim, sempre soube que o mar era um telescópio gigante apontado para minha alma...

Ei! Você! Você que me olha do outro lado! Quem é você?

(*Ele entra no mar, seguido por seu cão.*)

DESERTO

A ALMA NA CARROCINHA

O pai, o filho. O velho índio é levado numa carrocinha por seu filho.

O FILHO: Pai...

O PAI: Sim...

O FILHO: Pai, não aguento mais...

O PAI: Cale-se.

O FILHO: Pai...

O PAI: Sim...

O FILHO: Já faz três horas que a gente está andando desse jeito.

O PAI: Pode deixar. Nós vamos encontrar.

O FILHO: Pai, vamos voltar para casa.

O PAI: Não.

O FILHO: Pai, por favor... Estou arrebentado... Por favor, morra amanhã, pai.

O PAI: Não.

O FILHO: Pai...

O PAI: Já disse que não! Não é não. Tenho que morrer hoje. É hoje que tenho que morrer. O dia da minha morte é hoje. Amanhã já é outra coisa. Amanhã é dia de outra pessoa morrer. Eu, é hoje. Entendido?

(*Um tempo.*)

O FILHO: Pai...

O PAI: Sim.

O FILHO: Vejo uma árvore.

O PAI: Onde?

O FILHO: Aqui.

O PAI: Que árvore é?

O FILHO: Uma pequena palmeira. Você acha que vai dar?

O PAI: Vamos ver. (*O filho para ao lado da palmeira. O pai desce da carrocinha e se aproxima da árvore. Depois, virando-se para o filho.*) Afaste-se.

O FILHO: Sim...

O PAI: Mais...

O FILHO: Sim. (*Depois que o filho se afasta, o pai fica de joelhos e começa a pronunciar palavras estranhas acompanhadas de uma dança ritual com o corpo e as* *mãos. Depois de alguns minutos, ele para, escuta por um longo tempo, levanta-se, vai para perto do filho e se instala na carrocinha de novo.*) E aí?

O PAI: A alma de um guerreiro já habita o seu tronco.

O FILHO: Pai!

O PAI: Sim.

O FILHO: Não pode ser verdade!

O PAI: Está me chamando de mentiroso?

O FILHO: Não, mas... estamos tão longe... de tudo...

O PAI: Vamos, empurra.

(*Eles continuam a busca: o filho continua empurrando a carrocinha onde o pai parece adormecer. De vez em quando, o pai pega uma garrafa e dá uns goles.*)

O FILHO: Vejo um cacto.

O PAI: Cacto não é bom.

O FILHO: É um cacto gigante.

O PAI: Gosto de cactos.

O FILHO: É um cacto muito bonito.

O PAI: Tudo bem, para. (*Mesmo jogo. O filho fica alguns passos atrás e o pai recomeça seu ritual diante do cacto. Volta para junto do seu filho e desmorona na carrocinha.*) Habitado.

O FILHO: Mas por quem?

O PAI: É a alma da última criança do deus da chuva.

O FILHO: Pai...

O PAI: Empurre...

O FILHO: Pai, não podemos continuar assim. Logo mais vai anoitecer.

O PAI: Encontre uma pedra para mim.

O FILHO: Mas há muitas pedras por aqui.

O PAI: Ache uma pedra bem grande.

(*Andam mais um pouco.*)

O FILHO: Essa aqui está boa?

O PAI: Fique aí, não saia do lugar. (*O pai recomeça o ritual diante da pedra grande. Volta para junto do seu filho, com a cara cansada.*) Já está ocupada.

O FILHO: Pai, mas tem lugar nessa pedra. Você pode dividi-la.

O PAI: Não se pode dividir nada com a lua.

O FILHO: Mas não me diga que nessa pedra jaz a alma da lua. A lua não está morta!

O PAI: Está, sim. Ela abriga a alma da última lua cheia. Empurre.

O FILHO: Pai, não aguento mais. De verdade, não posso mais. Você tem que morrer amanhã. Tenho que descansar.

O PAI: Você não tem vergonha? Como ousa falar assim com seu pai? Se não encontro refúgio para minha alma hoje, me arrisco a não morrer nunca mais. Só se tem um dia para morrer... Só um... E, se a gente perde a chance, a gente está perdido...

O FILHO: Me passe um pouco essa garrafa então. Deixe eu dar um gole...

O PAI: Só um gole!

O FILHO: Sim. (*O filho bebe e devolve a garrafa ao seu pai.*) Pai, vejo uma tartaruga.

O PAI: Uma tartaruga?

O FILHO: Sim, uma tartaruga.

O PAI: É grande?

O FILHO: É gigante, pai! Nunca vi uma tartaruga parecida! Você não quer tentar a tartaruga?

O PAI: É uma tartaruga com dois chifres?

O FILHO: É.

O PAI (*rindo*): Meu filho, ponha isso na sua cabecinha vazia... Se você avistar uma tartaruga com dois chifres no deserto, é que ela só pode abrigar a alma daquele dia que está acabando. Vamos, me empurre. Procure um lago ou um riacho...

O FILHO: Onde é que você quer que eu encontre um lago ou um riacho em pleno deserto? Tem um poço de água ao lado do posto de gasolina. Você quer ir para o posto de gasolina?

O PAI: Não posso confiar minha alma a um poço.

O FILHO: Tem o restaurante Mad Greek ao lado.

O PAI: Você está louco, é? Você quer que eu ponha minha alma na cozinha do Mad Greek?

O FILHO: E o marco miliário? Era uma pedra grande que você queria, não é? Duvido que alguém tenha tomado o marco miliário. Ele deve estar desocupado.

O PAI: Me leve para a floresta.

O FILHO: Mas aqui não tem floresta.

O PAI: E aquela floresta lá em cima da colina, atrás do Mad Greek?

O FILHO: Mas ela não existe mais. Cortaram todas as árvores por causa dos dormentes... Quando a estrada de ferro chegou até aqui, eles cortaram tudo.

O PAI: Leve-me para a estrada de ferro...

O FILHO: Pai...

O PAI: Depressa... Você não está vendo que o sol logo vai se pôr?

(*Um tempo. O filho continua a empurrar a carrocinha onde o pai bebe e canta uma canção ritual.*)

O FILHO: Aí está, a estrada de ferro. Mas você não vai colocar sua alma num trilho, não é?!

O PAI: Some daqui. Depressa! Seu inútil!

O FILHO: Pai...

O PAI: Vamos, ande, me deixe sozinho...

(*O filho se afasta, dando alguns passos. O pai fica de joelhos e recomeça seu ritual. Depois de alguns segundos, dá vários gritos de vitória.*)

O FILHO (*aproximando-se timidamente*): Pai... Pai...

O PAI: É isso aí! Há dormentes que estão desocupados... Vamos, volte para casa!

O FILHO: Pai, você não vai...

O PAI (*transfigurado, com uma autoridade que não deixa nenhuma margem de dúvida, beija a testa do seu filho*): Vá imediatamente... Depressa! (*O filho começa a correr. O pai tira a garrafa e a coloca na carrocinha.*) Espere! Leve a carrocinha com você!

(*O filho volta, pega a carrocinha e se afasta. O pai começa uma dança ritual sobre os dormentes da estrada de ferro.*)

CARONA

A garota. O homem. A garota pede carona.
Um carro passa sem parar. O homem chega.
Também pede carona. Um outro carro passa sem parar.

O HOMEM (*gritando atrás do carro*)**:** Imbecis! (*Pausa. Para a garota.*) Você viu que tipos mais imbecis? Nem olharam para nós.

A GAROTA: Olharam, sim.

O HOMEM: Você vai para onde?

A GAROTA: Para Carson City.

O HOMEM: Para Carson City? Mas Carson City é na outra direção.

A GAROTA: Não, é por aqui.

O HOMEM: Você tem certeza?

A GAROTA: Tenho.

O HOMEM: Seja lá como for, eles não param mesmo. Nos tratam como se fôssemos marcos miliários. Aliás, até com os marcos eles têm que ter mais atenção. Mas é assim mesmo. Os marcos, pelo menos, indicam alguma coisa... (*Pausa.*) E o que é que você vai fazer em Carson City?

A GAROTA: Vou visitar meu pai.

O HOMEM: Ele mora em Carson City?

A GAROTA: Mora.

O HOMEM: Carson é longe.

A GAROTA: É.

O HOMEM: Ninguém vai te levar até Carson. (*Pausa. Outro carro passa. O homem e a garota fazem sinal para que ele pare, mas sem sucesso.*) Carson é longe. Eu estou indo para Kenstown.

A GAROTA: Para Kenstown é do outro lado.

O HOMEM: Você tem certeza?

A GAROTA: Tenho.

O HOMEM: Droga! Me disseram que era nessa direção.

A GAROTA: Não, é na outra direção.

O HOMEM: De todo jeito, dane-se. Posso também ir até Carson. Mesmo sendo um pouco longe. (*Pausa.*) Eu te atrapalho se for a Carson também?

A GAROTA: Não.

O HOMEM: Na verdade, nunca fui a Carson.

A GAROTA: Nem eu.

(*Pausa.*)

O HOMEM: Você não quer dormir comigo?

A GAROTA: Onde seria?

O HOMEM: Ali... É só se afastar um pouco da estrada.

A GAROTA: Não consigo fazer isso no chão.

O HOMEM: A gente faz de pé.

A GAROTA: Não gosto de fazer amor de pé.

O HOMEM: Mas de pé é bom...

A GAROTA: Mas não gosto que me vejam.

O HOMEM: Mas eu não estou nem aí. De todo jeito, é só se afastar bastante e ninguém nos verá.

A GAROTA: Nunca se pode se afastar o suficiente num deserto. Mesmo se andarmos até a linha do horizonte, todos nos verão.

O HOMEM: E então?

A GAROTA: Não gosto dos caminhoneiros buzinando quando faço amor.

O HOMEM: Então a gente faz em Carson.

A GAROTA: Se você quiser.

(*Pausa. Um outro carro passa. A garota faz sinal para ele parar, enquanto o homem fica imóvel.*)

O HOMEM: Me emocionou que você tenha aceitado fazer amor comigo. (*Pausa.*) Tem um monte de mulheres que não teriam feito isso. As mulheres são todas iguais. Mas você é diferente.

A GAROTA: Não sei.

O HOMEM: É sim, você é diferente. Vamos fazer num motel, tudo bem?

A GAROTA: Tá.

O HOMEM: Podemos parar um pouco antes, na entrada da cidade. Deve ter muito motel por lá...

A GAROTA: Tudo bem.

O HOMEM: Ou, se você preferir, você pode visitar seu pai primeiro.

A GAROTA: Não, depois eu vou.

O HOMEM: Não me importa se você for ver seu pai antes.

A GAROTA: Isso não é problema. Ele pode esperar.

O HOMEM: Faz muito tempo que você não o vê?

A GAROTA: Faz.

O HOMEM: Ele sabe que você vai visitá-lo?

A GAROTA: Não.

O HOMEM: Bem, então... a gente faz como você quiser. Podemos também passar a noite inteira num hotel, se você quiser, e depois você vai ver seu pai amanhã. O que você acha?

A GAROTA: Sim.

O HOMEM: Como você se chama?

A GAROTA: Jane.

O HOMEM: Isso me emociona... Sabia que tudo o que você me diz me emociona? Mesmo se a gente acabar não fazendo lá em Carson... mesmo assim me emociona.

A GAROTA: Não há nenhuma razão para não fazer, em Carson.

O HOMEM: Você não é como as outras. É isso que me emociona. Você não é como as outras piranhas. É isso que é reconfortante. (*Um carro passa. Nem a garota, nem o homem tentam pará-lo.*) Leva quanto tempo para chegar a Carson de carro?

A GAROTA: Três ou quatro horas.

O HOMEM: Quer dizer que, se tivermos sorte, antes do pôr do sol estaremos em Carson.

A GAROTA: Sim.

O HOMEM: Estaremos numa cama bem quente, num quarto bem fresco... Só nós dois...

A GAROTA: Sim.

O HOMEM: Isso me emociona... Isso me emociona mais ainda porque você é bonita. Você é mesmo muito bonita. Você não é como as outras. Tem mulheres que são bonitas, mas que são verdadeiras piranhas. Essas eu odeio. Assim que as vejo, fervo de ódio. Quanto mais bonita, mais eu odeio, porque sei que são piranhas. Mas você, você não é como as outras... (*Ele começa a chorar. Pausa.*) Escute, acho que apesar de tudo vou mesmo é para Kenstown... (*Ele assoa o nariz, pega sua carteira.*) Tenho uma nota de dez dólares, se você quiser.

A GAROTA: Não, está tudo bem.

O HOMEM: Me desculpe... (*Ele põe a nota de novo na carteira.*) No final das contas, é melhor eu ir para Kenstown... Mas tudo que você me disse me emocionou muito... Bem, tchau... E boa sorte!

A GAROTA: Boa sorte para você...

O HOMEM: Você tem certeza de que Kenstown é por aqui?...

A GAROTA: Sim...

O HOMEM: Bom, vou pra lá então... Jane é seu nome verdadeiro?

A GAROTA: É.

O HOMEM: Um aperto de mão, Jane?

A GAROTA: Por que não?

(*Eles dão um aperto de mão. Ele parte. Barulho de um carro que se aproxima.*)

SANDUÍCHE DE FRANGO

Catarina. Billy. Uma cadeira dobrável na mão e um guarda-chuva branco embaixo do braço. Catarina faz sua aparição com Billy, que vem um pouco atrás. Catarina está grávida. Começa a observar o lugar. Billy, com cara de quem é um guarda-costas, está furibundo.

BILLY: Por que você faz isso comigo?

CATARINA: O quê?

BILLY: Por que você faz isso comigo, merda?

CATARINA: Me deixe em paz.

BILLY: Você está tirando uma com a minha cara.

CATARINA: Pare.

BILLY: Você está tirando uma com a minha cara e não acho isso legal.

CATARINA: Me deixe em paz. Vá embora.

BILLY: Por que você subiu até aqui?

CATARINA: Para esperar a Virgem Maria.

BILLY: Para esperar a Virgem Maria...

CATARINA: Sim, para esperar a Virgem Maria.

BILLY: E você não podia esperar como todo mundo, lá embaixo? Você não podia esperar sua Virgem Maria querida, como todo mundo, lá embaixo?

CATARINA: Não.

BILLY: É para me encher o saco, não é?

CATARINA: Não.

BILLY: Então por que você subiu até aqui?

CATARINA: A gente vê melhor daqui.

BILLY: A gente vê melhor daqui...

CATARINA: É, a gente vê melhor daqui. O ano passado ela apareceu naquele rochedo ali.

BILLY: Naquele rochedo ali... E você acha que ela alugou aquele rochedo ali e que esse ano ela vai descer de novo naquele mesmo rochedo...

CATARINA: Se você não me deixar em paz, vou chamar o senhor Delpy.

BILLY: Você vai chamar o senhor Delpy...

CATARINA: Vou. Vou chamar o senhor Delpy.

BILLY: Será que o senhor Delpy deu autorização para você vir ver a Virgem Maria?

CATARINA: Não é da conta dele.

BILLY: Não é da conta dele...

CATARINA: Não.

BILLY: Não é da conta dele...Que você pegue, no SEU ESTADO, o volante para andar quatrocentos quilômetros no deserto não é da CONTA DELE.

CATARINA: Mas claro que não.

BILLY: Mas claro que não... Você pega o volante no seu estado, com o FILHO DELE na merda da sua barriga, e ele não tem nada a ver com isso.

CATARINA: Mas eu vim ver a Virgem Maria.

BILLY: Será que ele deu permissão para você vir ver a Virgem Maria?

CATARINA: Bem, mas agora você me deixa em paz. Estou aqui e vou esperar a Virgem Maria. Pode ir. (*Pausa. Catarina monta a cadeira dobrável e se senta.*) Billy!

BILLY: Oi.

CATARINA: Será que você tem um pouco d'água?

BILLY: Se eu tenho água?

CATARINA: É.

BILLY: Você está me perguntando se eu tenho água?

CATARINA: Estou. Será que você tem água?

BILLY: Por que você acha que eu posso ter água?

CATARINA: Eu não sei de nada. Só estou perguntando. Talvez o senhor Delpy tenha lhe dito para levar sempre uma garrafa de água com você.

BILLY: Não, o senhor Delpy não me disse para trazer uma garrafa de água sempre comigo.

CATARINA: Seja lá como for, estou com sede.

BILLY: Então tá. Você foi dar uma volta de quatrocentos quilômetros no deserto e não trouxe água, é isso?

CATARINA: É.

BILLY: E você pensou que a Virgem Maria ia te dar.

CATARINA: É.

BILLY: Bom, então espere a Virgem Maria aparecer e peça água pra ela.

(*Pausa. Billy acende um cigarro.*)

CATARINA: Billy, estou com sede. (*Billy tira uma garrafa de água e dá para Catarina. Ela bebe.*) Obrigada, Billy.

BILLY: Não quero que você me diga "Obrigada, Billy".

CATARINA: Obrigada assim mesmo, Billy. (*Ela abre a sombrinha para se proteger do sol.*) No ano passado, a Virgem Maria apareceu bem aqui. Só três pessoas a viram de verdade. Três mulheres.

BILLY: Você quer dizer três putas.

CATARINA: Quero dizer três mulheres. As putas são mulheres, Billy.

BILLY: As putas não são mulheres. As putas são putas.

CATARINA: Você é um fofo, Billy. Faz muito tempo que você trabalha para o senhor Delpy?

BILLY: O quê?

CATARINA: Eu te perguntei se faz muito tempo que você trabalha para o senhor Delpy.

BILLY: Você me perguntou se faz muito tempo que eu trabalho para o senhor Delpy...

CATARINA: Sim.

BILLY: Não é da sua conta.

CATARINA: Venha para baixo da minha sombrinha, Billy. Vou te proteger do sol.

BILLY: Não quero me proteger do sol.

CATARINA: Então vá se ferrar. Vá me comprar um sanduíche.

BILLY: Não quero ir comprar um sanduíche para você. Não tenho nenhuma obrigação de comprar sanduíches, lhe dar de comer ou de beber, limpar sua boca. Nem muito menos ficar escutando essas bobagens.

CATARINA: Não esqueça que sou uma mulher grávida, Billy.

BILLY: Não, você não é uma mulher grávida.

CATARINA: Sou sim, sou uma mulher grávida.

BILLY: Não, você é uma puta grávida.

CATARINA: Não seja besta, Billy. Você é bem besta e não entende é nada. Você sabia que eu sou virgem, Billy?

BILLY: O quê?!

CATARINA: Estou dizendo que sou virgem.

BILLY: Você diz que você é virgem...

CATARINA: Eu sou virgem.

BILLY: Então tá, você carrega um filho do senhor Delpy na barriga e você vai me dizer que é virgem.

CATARINA: É, carrego um filho do senhor Delpy na minha barriga mas o senhor Delpy nunca me tocou.

BILLY: Então ele nunca tocou em você...

CATARINA: Não.

BILLY: Então, como foi que ele entrou, esse pequeno pedaço de carne, na sua barriga?

CATARINA: Billy, você sabe o que é uma barriga de aluguel?

BILLY: Sei, sei o que é uma barriga de aluguel.

CATARINA: Não, você não sabe, não.

BILLY: Seja lá como for, pouco me importa.

CATARINA: Então por que você cola em mim desse jeito?

BILLY: Porque o senhor Delpy não quer que você quebre o pescoço, só isso.

CATARINA: Ele paga quanto para você, o senhor Delpy?

BILLY: E você, eles pagam quanto para você, os Delpy, para que você carregue esse troço herdeiro na sua barriga?

CATARINA: Quarenta mil dólares.

BILLY: O quê?!

CATARINA: Quarenta mil dólares.

BILLY: Quarenta mil dólares! Por somente nove meses de trabalho?

CATARINA: É isso aí!

BILLY: E você ousa dizer que você não é uma puta.

CATARINA: Juro pela Virgem Maria, Billy. Nunca ninguém me tocou. Aliás, foi por isso mesmo que pedi essa soma. Porque sou virgem.

BILLY: Porque você é virgem...

CATARINA: Sou, Billy. Os Delpy queriam que a barriga de aluguel deles fosse de uma virgem. E custa mais caro do que barrigas de aluguel comuns. Sacou?

BILLY: E como é que ele entrou, então, se você jura pela Virgem Maria que você é virgem? Foi o Espírito Santo que enfiou esse feto no seu ventre?

CATARINA: Foi por INSEMINAÇÃO ARTIFICIAL, seu idiota.

BILLY: Por inseminação artificial...

CATARINA: É, é isso aí. E no ano que vem vou abrir um restaurante.

BILLY: Inseminação artificial, tá bom.

CATARINA: Mas você é mesmo um retardado mental. Billy, você nunca escutou falar de procriação *IN VITRO*?

BILLY: Não, nunca ouvi falar de procriação *IN VITRO*... Eu, eu só conheço a procriação pela via popular.

CATARINA: Vá me comprar um sanduíche, seu retardado.

(*Ele vai comprar o sanduíche. Ela se abana e bebe água. Ao longe, a multidão canta canções religiosas. Billy volta com um sanduíche e dá para Catarina.*)

CATARINA: É de quê?

BILLY: O quê?!

CATARINA: O sanduíche, ele é de quê?

BILLY: De frango.

CATARINA: Não suporto frango. Me dá enjoo.

BILLY: Bem, então vá comprar o que você quiser e me deixe em paz.

CATARINA: Que mais que tinha?

BILLY: Só tinha sanduíche de frango e pronto.

CATARINA: Não seja besta, Billy. Você sabe muito bem que você gosta de mim.

BILLY: Gosto de você...

CATARINA: Sim, você gosta de mim. Gosta mesmo bastante de mim.

BILLY: Não, eu não sabia que eu gostava de você.

CATARINA: Bom, agora você já sabe. O que é que tinha mais, de sanduíche?

BILLY: Presunto e queijo.

CATARINA: Então, quero um de queijo.

BILLY: E eu não acredito que você não tenha dormido com nenhum cara.

CATARINA: Mas eu já expliquei, Billy. Foi *IN VITRO*. Foi num médico. O senhor Delpy, nunca vi a cara dele. Nunca vi ele nem a mulher dele. Eles não quiseram me conhecer. Aliás, eles têm todo o direito. Tudo está regulamentado no contrato da agência. Mandaram o sêmen dele para um médico, e depois o médico me enfiou a coisa aqui dentro, para eu chocar... Agora você entende o que quer dizer *IN VITRO*? Por favor, vá me comprar um sanduíche de queijo. O ano que vem vou poder abrir um restaurante.

(*Billy sai. Como as pessoas que cantam se aproximam, Catarina também se põe a cantar.*)

NÃO SOU MAIS SUA COELHINHA

Ela. Ele.

ELA: Eu tinha certeza.

ELE: Tinha certeza do quê?

ELA: Tinha certeza de que você ia acender um cigarro.

ELE: E daí?

ELA: Vocês todos, sempre fazem isso, todos, sempre. A mesma coisa.

ELE: Todos quem?

ELA: Depois do amor todos vocês acendem um cigarro.

ELE: E daí?

ELA: Assim que vocês saem do corpo de uma mulher, vocês acendem um cigarro. É automático. Como se saíssem de uma tabacaria.

ELE: Escute... tem gente que fuma e pronto.

ELA: De todo jeito, elas têm razão...

ELE: Quem?

ELA: Aquelas que dizem que depois do amor os homens só querem se mandar.

ELE: Mas eu não quero me mandar.

ELA: Quer, sim.

ELE: Não quero, não. Estou bem. É só isso.

ELA: Então, por que você não diz nada?

ELE: Escute, a gente não pode falar o tempo todo.

ELA: De todo jeito, você já não está mais pensando em mim.

ELE: Mas eu não estou pensando em nada. Estou bem. É só isso. Você quer uma tragada?

(*Ela dá uma tragada.*)

ELA: De qualquer maneira, você já está longe.

ELE: Não estou tão longe assim, estou aqui com você.

ELA: Sim, mas você não está mais pensando em mim. Você está oco.

ELE: Estou oco porque estou bem. E não penso em nada, estou bem e é só.

ELA: Sim, mas você está oco.

ELE: Também não é assim. Não estou tão oco assim. Estou contente, só isso.

ELA: De todo jeito, sinto como você está longe. Você fica oco e fica longe. Agora pouco, você estava carinhoso. E agora está apático como um deserto.

ELE: Escute, será que você poderia me deixar em paz uns dois minutos?

ELA: Tudo bem. De todo jeito, agora você está vazio aqui do meu lado. E isso dá pra sentir.

ELE: O que é que dá pra sentir?

ELA: O vazio. Eu estou sentindo. O vazio dentro de você. É por isso que você já está longe. Porque você está esvaziado, e o vazio se estende agora a tudo que está à sua volta. Não há mais carinho, não há mais diálogo, nada. É o vazio. E isso me machuca. Mas não faz mal.

(*Ela dá mais uma tragada.*)

ELE: Não estou entendendo nada. É sério. Me sinto bem, tinha vontade de não pensar em nada durante dois minutos e, do nada, você me vem com essas coisas todas, o vazio, o deserto…

ELA: É por isso que você tinha vontade de não pensar em nada. Porque você está vazio. E porque tinha vontade de inscrever esse vazio em tudo o que está à sua volta. Melhor dizendo, de ir embora. Partir imediatamente depois do amor. É uma maneira de cavar um buraco em volta de você. Com você, os poucos momentos de ternura acidentais anunciam o vazio. Mas não faz mal. Pode ir. Eu entendo.

ELE: Mas eu não estou com vontade de ir embora. Juro.

ELA: Mas também não quer falar.

ELE: Não, porque eu queria ficar na boa por dois minutos.

ELA: Bom, então, fique aí tranquilo que eu vou embora.

ELE: Espera aí... Onde é que você vai?

ELA: Vou sair. Você fica aí descansando. Você quer ficar aí sozinho, sozinho no seu deserto, sozinho com seu deserto, então eu deixo você ficar sozinho. Mas eu entendo você. Você é assim. Tchau.

(*Ela não se mexe.*)

ELE: Escute, sinceramente, você é muito complicada pra mim.

ELA: Não fale comigo. Não estou mais aqui. (*Pausa.*) Pronto, eu sabia que você ia concordar. Então, eu tinha razão. Sou só um deserto para você. Agora que você fez amor, não sou mais sua coelhinha, sou uma coelha no meio do deserto. E você está bem contente por eu ter ido embora.

ELE: Você surtou.

ELA: Não fale comigo. Não estou mais aqui. (*Pausa.*) Tá vendo como você se cala?

(*Pausa.*)

ELE: Tudo bem, então, se manda. Se você quer ir, vá.

ELA: Viu, agora que você conseguiu o que queria pode voltar a ser vulgar.

ELE: Você me deixa exausto, sabia?!

ELA: Você sempre faz assim depois do amor?

ELE: Escuta, depois do amor, eu não faço nada. Não falo, não faço nada. Fico relaxado.

ELA: Você relaxa... E fuma.

ELE: Sim, eu relaxo. E fumo. Tem gente que come melancia ou que bebe alguma coisa. E eu, eu fumo. É proibido, suponho...

ELA: Não, mas você deveria ter vergonha.

ELE: Por quê?

ELA: O depois do amor é importante para uma mulher. E é depois do amor que o homem tem a oportunidade de mostrar que ele não é um animal.

ELE: E ele deve fazer o quê, na sua opinião, o homem, para mostrar que ele não é um animal depois do amor?

(*Ela começa a choramingar.*)

ELA: Não sei...

ELE: E porque você não sabe, você chora... Agora pouco você estava bem, nos meus braços.

ELA: Sim, mas você já não está mais aqui.

ELE: Você amou agora pouco.

ELA: Amei, mas isso não muda nada.

ELE: Você gozou... Você estava feliz...

ELA: Gozar, isso não muda nada. Ser feliz por dois minutos, isso não muda nada.

ELE: E o que você quer mudar?

ELA: Tudo... E logo.

ELE: Você não poderá mudar ISSO.

ELA: Posso, sim.

ELE: Venha aqui, fica aqui quietinha comigo... Dois minutos comigo... Não pense em nada. Você vai ver... Faz um bem... ISSO você não vai conseguir mudar nunca... Eu amo você.

UM CAFÉ LONGO, UM POUCO DE LEITE SEPARADO E UM COPO D'ÁGUA

O cliente. A garçonete. O cliente entra.
A garçonete está atrás do balcão.

A GARÇONETE: Aqui, em novembro, os dias mergulham num erotismo cansado. Adoro a sensação de tarefa cumprida, quando a natureza não busca mais orgasmo, mas tão simplesmente um momento de repouso, para digerir o gosto do inacabado.

(*Pausa.*)

O CLIENTE: Bom dia.

(*O cliente senta numa mesa. A garçonete se aproxima. Ela fica de pé, com o olhar perdido.*)

A GARÇONETE: Pronto. A estação terminou. O mar esfria. Dentro de alguns dias teremos a primeira tempestade. Já nem tem muita gente na praia. Só tem aquela mulher que passeia com o cachorro e um surfista louco. Agora, para sair, só de guarda-chuva em punho. Eu, pessoalmente, detesto guarda-chuvas. Toda vez que saio munida do meu guarda-chuva, o vento se levanta bruscamente e revira meu guarda-chuva. Aliás, observei uma coisa estranha nos humanos. Eles não gostam de trocar de guarda-chuva. É mais fácil comprar sapatos novos do que guarda-chuva novo. Um par de sapatos usados, a gente logo troca e sem pesar no coração. Mas um guarda-chuva usado, não, continuamos a levá-lo a toda parte, é difícil se separar dele. E ninguém jamais se pergunta por quê...

O CLIENTE: Um café, por favor.

A GARÇONETE: Estou sozinha faz três dias. Ninguém entrou nesse café nos últimos três dias. E, no entanto, o café ficou aberto o tempo todo. Pensei que ia ficar louca. A camada de nuvens está tão baixa... Escuta-se o grito das gaivotas. Já vou trazer o seu café. São onze horas e doze minutos precisamente. Na casa ao lado encontraram um morto. Talvez seja um crime. Aqui, o tempo ruim se instala entre novembro e abril. Posso te contar os últimos eventos do lugar? Parece que uma mulher de trinta e dois anos que estava em coma há dois anos acordou depois de um tremor de terra. Às vezes me pergunto se também não estou num estado de coma profundo. Quem sabe estamos todos num estado de coma profundo? A gente se mexe, fala, come e bebe, a gente acha que entende alguma coisa, mas quem sabe estamos todos num estado de coma profundo? E estamos todos, talvez, esperando algum tremor de terra para salvar a pátria. Sim, isso virá um dia. Vamos acordar e abrir os olhos de verdade para o mundo. E o que veremos nesse dia então? Quem sabe? A verdade é que estou desolada. Não me pergunte como cheguei a esse ponto de angústia. Você me pediu um café. Eu me lembro, o ano passado, mais ou menos na mesma época, você veio aqui e bebeu um café no balcão. E pediu um café longo. É por isso que eu me permito lhe perguntar agora: você quer um café longo?

O CLIENTE: É, é longo, sim.

A GARÇONETE: Está vendo que estamos todos perdendo a memória? Vivemos num buraco da memória, como os caranguejos presos nos alvéolos rochosos na maré baixa.

O CLIENTE: Minha avó por parte do meu pai era uma mulher muito gorda. No final da vida, ficou com dificuldades para se locomover. É engraçado como os gordos são espertos. Minha avó não parava de me pedir favores. Eu levava água, levava o cinzeiro, a correspondência... Morávamos todos numa casa bem grande, eu, minha mãe, meu pai, minha irmã e nossos avós por parte de pai. À noite a gente comia junto. E, no fim, minha avó dizia: "E agora, vamos lavar os pratos?"

A GARÇONETE: Ah, sim, sim, conheço bem essas histórias de pratos sujos, eu também. Também tenho minhas lembranças ligadas a pratos sujos. Quando eu era criança sempre caía comigo essa história de prato sujo. E até depois, bem mais tarde... Toda a minha vida lidei com pratos sujos. Mas agora começo a gostar. O que mais gosto é de mergulhar minhas mãos na pia cheia de água quente. Gosto muito disso, de sentir aquela água quente, opaca, pesada de gordura, e as sujeiras que vão se soltando dos pratos. Aqui, por exemplo. Quando não tem muita gente, e nunca tem muita gente, prefiro lavar eu mesma os pratos do que usar a máquina de lavar pratos. Quer um pouco de leite separado?

O CLIENTE: O quê?

A GARÇONETE: No ano passado, quando você veio tomar um café no balcão, você pediu um café longo com um pouco de leite separado. Você quer um pouco de leite separado?

O CLIENTE: Sim, com um pouco de leite separado.

A GARÇONETE: E um copo d'água?

O CLIENTE: Na verdade, só entrei em coma há alguns meses. Um dia, eu passeava pelo meu bairro, era um domingo. As pessoas do bairro tinham organizado um dia de troca de objetos tirados do sótão. Eu passava então entre todos esses objetos de que eu não precisava e subitamente senti alguma coisa, senti que começava a desmaiar. Mas a sensação, pode crer, não era nada má.

A GARÇONETE: No ano passado, quando você veio tomar um café no balcão, você pediu um café longo, um pouco de leite separado e um copo d'água. Quer também um copo d'água?

O CLIENTE: Você gosta das ressacas?

A GARÇONETE: Sim.

(A garçonete traz o café, o leite e o copo d'água. Ela coloca tudo na mesa e fica de pé, com o olhar perdido).

A GRANDE RESSACA

A garota. O fotógrafo. A velha.

1.

O fotógrafo na praia. A garota sai do mar.

A GAROTA: Você está aí por causa da grande ressaca?

O FOTÓGRAFO: É.

A GAROTA: Para fazer fotos?

O FOTÓGRAFO: Isso.

A GAROTA: Eu sabia. Eu vi você na cidade. Você tem uma máquina para cada objeto que você quer fotografar.

O FOTÓGRAFO: É tudo o que tenho.

A GAROTA: Não é, não. Eu vi seu carro. Seu porta-malas está cheio de máquinas fotográficas.

O FOTÓGRAFO: Não é verdade.

A GAROTA: Tchau. (*Ela se senta numa pedra.*) É... Eu moro na cidade. Mas tem muita gente hoje na cidade.

Todo mundo quer ver a ressaca. Tem até quermesse. É ridículo. Por que todo mundo quer ver a grande ressaca?

O FOTÓGRAFO: Por que não?

A GAROTA: Vai ter até fogos de artifício. É ridículo. Talvez você também queira fotografar os fogos de artifício, não é?

O FOTÓGRAFO: Não.

A GAROTA: Os fogos de artifício são bonitos.

O FOTÓGRAFO: Estou aqui por causa da grande ressaca.

A GAROTA: Quanto você ganha?

O FOTÓGRAFO: Só ganho se conseguir vender.

(*Pausa.*)

A GAROTA: Os fogos também valem a pena. ... (*Pausa.*) O cheiro de linguiça frita chega até aqui. Que cheiro horrível. (*Pausa.*) Como é que você soube que a grande ressaca aqui é ainda mais forte do que na cidade?

O FOTÓGRAFO: É mesmo?

A GAROTA: É verdade. Mas como foi que você soube disso?

O FOTÓGRAFO: Eu não sabia. Procurei uma baía mais tranquila.

A GAROTA: Acho que não, você me seguiu.

O FOTÓGRAFO: De jeito nenhum.

A GAROTA: Essa baía é minha. (*Pausa.*) Se você não acredita em mim, pode perguntar para o povo da cidade. Ninguém se aproxima dessa baía na minha ausência. Não quero que minha ressaca seja fotografada. Entendeu?

O FOTÓGRAFO: Sim.

A GAROTA: E você não vai embora?

O FOTÓGRAFO: Não.

A GAROTA: Vou jogar você no mar então.

(*Levanta-se e se joga como uma fera para cima do fotógrafo.*)

O FOTÓGRAFO: Para com isso. Você ficou louca?

A GAROTA: Essa baía é minha.

O FOTÓGRAFO: Escute aqui, garotinha. Você se chama como?

A GAROTA: "Escute aqui, garotinha. Você se chama como?" Isso é pergunta que se faça? Nem bonito você é.

O FOTÓGRAFO: Um fotógrafo não precisa ser bonito.

A GAROTA: Você é feio e sua máquina também. Ela é feia e pesadona. Como é que você quer fotografar a grande ressaca com um aparelho desses? (*Ela arranca a máquina dele.*) Saia daqui, ou eu jogo sua máquina no mar.

O FOTÓGRAFO: Tudo bem, vou embora. Tchau.

(*Ela lhe devolve a máquina. Ele se afasta, dando alguns passos.*)

A GAROTA: Tchau. (*Pausa. Ele monta sua máquina fotográfica no tripé.*) A grande ressaca sou eu. (*Pausa. Ele olha pela objetiva.*) Você escutou? (*Pausa.*) À meia-noite, a água vai estar chegando até os nossos pés.

O FOTÓGRAFO: Sobe tanto assim?

A GAROTA: É.

O FOTÓGRAFO: Como você se chama?

A GAROTA: Já lhe disse.

O FOTÓGRAFO: Ah, é mesmo. Você se chama "a grande ressaca".

A GAROTA: É.

O FOTÓGRAFO: Eu me chamo Geraldo.

A GAROTA: Seu nome é tão feio quanto sua máquina fotográfica.

O FOTÓGRAFO: Você tem quanto anos, "grande ressaca"?

A GAROTA: Eu já vivi com você.

O FOTÓGRAFO: O quê?

A GAROTA: Mas, de todo jeito, você não vai entender nada mesmo. Você veio fotografar a grande ressaca. Se eu deixar você me fotografar, você vai embora depois?

O FOTÓGRAFO: Não antes de a água chegar até meus pés.

(*Ele olha o relógio e faz uma foto do mar.*)

A GAROTA: Não! A gente não pode fotografar o mar assim!

O FOTÓGRAFO: Desculpe.

A GAROTA: Tem que me avisar.

O FOTÓGRAFO: Da próxima vez eu aviso.

A GAROTA: Por que você fez isso?

O FOTÓGRAFO: Tenho que tirar uma foto do mar a cada meia hora.

A GAROTA: O que é que você tem dentro da sua bolsa?

O FOTÓGRAFO: É meu piquenique. Você está com fome?

A GAROTA: A grande ressaca nunca tem fome. (*Abre a bolsa do fotógrafo e começa a fuçar.*) Eu tinha certeza.

O FOTÓGRAFO: Certeza do quê?

A GAROTA: Você esqueceu o sal. (*Ela come um tomate. Ele se aproxima e senta ao lado dela.*) Não toque em mim!

O FOTÓGRAFO: Mas eu não queria tocar em você...

A GAROTA: É à meia-noite que vou entrar no mar, ainda não.

O FOTÓGRAFO: Ah, tudo bem...

A GAROTA: Você quer um tomate?

O FOTÓGRAFO: Sim.

A GAROTA: Não tem sal. Mas você pode molhar no mar.

(*Pausa. Escuta-se a música da quermesse na cidade.*)

O FOTÓGRAFO: Você fugiu?

A GAROTA: Por que você me pergunta isso?

O FOTÓGRAFO: Porque acho que você fugiu.

A GAROTA: É, fugi. Fiz uma grande besteira. Fiz a besteira de sair do mar.

O FOTÓGRAFO: Não devia ter feito.

A GAROTA: É claro que não devia. Sei muito bem. Mas vou voltar, não se preocupe. De noite, vou voltar para o mar. À meia-noite, volto para o mar.

(*Pausa.*)

O FOTÓGRAFO: Escute, "grande ressaca"...

A GAROTA: Sim?!

O FOTÓGRAFO: Quando foi que vivemos juntos?

A GAROTA: Agora pouco. Naquela outra vida que vivemos no mar. Você se lembra do dia que me deflorou?

O FOTÓGRAFO: Sim...

A GAROTA: Você pensava que eu era virgem, não é?

O FOTÓGRAFO: Eu não tinha pensado nisso.

A GAROTA: Não acredito.

O FOTÓGRAFO: Não, eu nem tinha pensado nisso.

A GAROTA: Tá bom, acredito. Ou não acredito. Mas isso não tem a mínima importância. Você quer esse molusco?

O FOTÓGRAFO: Para fazer o quê?

A GAROTA: Para comer. Você não está com fome?

(Ela vai em direção ao mar.)

2.
O fotógrafo na praia. Com uma caixa de biscoitos irlandeses na mão, a velha sai do mar.

A VELHA: Boa noite.

O FOTÓGRAFO: Ah, você não está com medo. Quem é você?

A VELHA: Você não me reconhece mais?

O FOTÓGRAFO: Eu estava olhando lá embaixo porque tem uma garota que apanha moluscos... Fiquei com medo que a maré alta a surpreendesse... Creio que ela fugiu de algum lugar... Ela é um pouco estranha, essa garota... Agora pouco ela queria jogar minha máquina fotográfica no mar. Ela não quer que eu faça fotos aqui. Diz que essa baía é dela. Você a encontrou na praia?

A VELHA: Geraldo...

O FOTÓGRAFO: Sim?

A VELHA: Olhe bem para mim.

O FOTÓGRAFO: Ela deve ter apanhado muitos moluscos. De vez em quando ela sobe com sua cesta e me dá caranguejos e escaravelhos. Mas eu só tiro fotos do mar. Fiz milhares de fotos das ressacas... Acompanhei todas as costas do Atlântico... A força das marés depende da forma das baías e dos estuários. Você já ouviu falar da baía de Fundy, no Canadá? É um canal estreito e longo... E é lá que a gente vê as marés mais fortes...

A VELHA: Geraldo, sou eu. Você não me reconhece mais? Sou eu, "a ressaca". Aconteceu uma coisa esquisita. Desci para tomar um banho na maré montante e envelheci de uma vez só. Você entende? Envelheci de uma vez e de repente toda a vida que vivemos se encontra atrás de mim. Você compreende?

O FOTÓGRAFO: Sim, é mágica essa baía de Fundy. E é em Burntcoat Head, nessa baía, que se tem a ressaca mais forte do Canadá, mais de dezesseis metros. Dá pra imaginar? Quer ver as minhas fotos? Posso mostrar...

A VELHA: Geraldo, toda NOSSA vida está atrás de mim, você compreende? O sentido de nossa vida foi revertido pela ressaca...

O FOTÓGRAFO: Escute, minha senhora, eu não a conheço. Nessa cidade todo mundo fica louco em tempos de ressaca. E, além disso, essa é a ressaca do século. Todo mundo zanzando pelo litoral esperando a subida das águas. Perambulam pela trilha do litoral que por vezes desce até o mar, e depois sobe outra vez e depois desce de novo, algumas centenas de metros mais adiante...

É que tem algumas falésias que desmoronam... Desde quando os fiscais aduaneiros pararam de fazem o seu trabalho, as falésias desmoronam. Mas essas pessoas, hipnotizadas pela espera da grande ressaca, nem reparam que a trilha desce às vezes até o mar... E elas vão seguindo pela trilha até o mar e descem, elas também, até o mar e algumas vezes não voltam mais. Sim, tem gente que não volta mais, eu já vi isso acontecer... Você mora na cidade?

A VELHA: Sou sua mulher, Geraldo, você não está me reconhecendo? Faz meio século que vivemos juntos.

O FOTÓGRAFO: Para uma pessoa da sua idade você se aventurou longe demais. Quer ajuda para voltar para a cidade?

A VELHA: Ele não acredita em mim... Envelheci de uma hora para a outra e ele não acredita em mim. Cada vez que a gente envelhece de uma hora para outra ao lado do homem que a gente ama, o outro não percebe. Pode-se dizer que a gente envelhece por nada. Ele só se lembra do dia em que a gente se conheceu. E isso é tudo.

O FOTÓGRAFO: Você está com fome? Tenho dois sanduíches na minha bolsa. Mas esqueci o sal... Você está aqui para ver os fogos de artifício?

A VELHA: Geraldo, eu já vivi com você, você entende? Por causa da grande ressaca, meu futuro deu um giro abrupto e agora ele se encontra atrás de você... E não tenho nenhuma prova para convencê-lo a não ser que fiquei velha... e que as suas cinzas estão aqui, nesta lata de biscoitos irlandeses... Mas eu podia também repetir as palavras que te disse hoje de manhã... "Você tem uma máquina fotográfica para cada objeto que você quer tirar foto." (*O fotógrafo não responde.*) Bem, ele não acredita em mim. Azar. (*Pausa.*) Por favor, senhor... Tem muito vento... Ajude-me a jogar suas cinzas no mar. Quando você morreu você me pediu para assistir à grande ressaca.

DADOS INTERNACIONAIS DE CATALOGAÇÃO NA PUBLICAÇÃO (CIP)
(CÂMARA BRASILEIRA DO LIVRO, SP, BRASIL)

Visniec, Matéi
  Cuidado com as velhinhas carentes e solitárias / Matéi
Visniec; tradução Luiza Jatobá. – São Paulo: É Realizações,
2013. – (Biblioteca teatral - Coleção dramaturgia)

  Título original: Attention aux vieilles dames rongées par
la solitude
  ISBN 978-85-8033-114-1

  1. Teatro francês (Escritores romenos) I. Título. II. Série.

13-01895   CDD-842

ÍNDICES PARA CATÁLOGO SISTEMÁTICO:
  1. Teatro : Literatura francesa   842

Este livro foi impresso pela Gráfica Vida & Consciência para É Realizações, em março de 2013. Os tipos usados são da família Sabon LT Std e Helvética Neue. O papel do miolo é alta alvura 90g, e o da capa, cartão supremo 250g.